Documentación ágil de arquitectura de software

"La arquitectura de software no es el arte de hacer diagramas atractivos, sino el arte de diseñar soluciones que funcionen adecuadamente durante un periodo de tiempo razonable"

– Oscar Blancarte (2021)

Datos del autor:

Ciudad de México.

e-mail: oscarblancarte3@gmail.com

Autor y edición:

© Oscar Javier Blancarte Iturralde

Composición y redacción:

Oscar Javier Blancarte Iturralde

Edición:

Oscar Javier Blancarte Iturralde

Portada:

Arq. Jaime Alberto Blancarte Iturralde

Primera edición:

Se publicó por primera vez en enero del 2021

Acerca del autor

Oscar Blancarte es un arquitecto de software con más de 18 años de experiencia en el mundo del desarrollo de software. Actualmente es arquitecto de software en Red Hat desde donde aporta su conocimiento y experiencia para clientes a nivel mundial.

Oscar Blancarte cuenta actualmente con varias certificaciones, como Java Programmer, Análisis y Diseño Orientado a Objetos (IBM) y Oracle IT Architect (Oracle), Red Hat Certified Specialist in Containers y Red Hat Certified Cloud-native Developer. A lo largo de su carrera ha trabajado para diversas empresas del sector de TI, entre las que destacan su participación en diseños de arquitectura de software y consultoría para clientes de los sectores de Retail, Telco y Health Care.

Oscar Blancarte es, además, autor de su propio blog https://www.oscarblancarteblog.com desde el cual está activamente publicando temas interesantes sobre Arquitectura de software y temas relacionados con la Ingeniería de Software en general. Desde su blog ayuda a la comunidad a resolver dudas y es por este medio que se puede tener una interacción más directa con el autor.

Además, es un apasionado por el emprendimiento, lo que lo ha llevado a emprender en diversas ocasiones, como es el caso de Codmind, una plataforma de educación online, Snipping Code, una plataforma de productividad para desarrolladores donde pueden guardar pequeños fragmentos de código repetitivos y Reactive Programming, la plataforma en la cual publica sus libros e invita a otros a desarrollar sus propias obras.

Otras obras del autor

Aplicaciones reactivas con React, NodeJS & MongoDB

Libro enfocado a enseñar a construir aplicaciones reactivas utilizando React, que va desde crear una aplicación WEB, hasta construir tu propio API REST utilizando NodeJS + Express y persistiendo toda la información con MongoDB, la base de datos NoSQL más popular de la actualidad.

Con este libro no solo aprenderás a construir aplicaciones WEB, sino que aprenderás todo lo necesario desde desarrollo hasta producción.

Durante el libro vamos a ir desarrollando un proyecto final, el cual es una réplica de la red social Twitter.

IR AL LIBRO

Es el libro más completo para aprender patrones de diseño, pues nos enfocamos en enseñar los 25 patrones más utilizados y desde una filosofía del mundo real, es decir, que todos los patrones están acompañados de un problema que se te podría presentar en alguno de tus proyectos.

Todos los patrones se explican con un escenario del mundo real, en el cual se plantea la problemática, como se solucionaría sin patrones de diseño y cómo sería la mejor solución utilizando patrones, finalmente, implementaremos la solución y analizaremos los resultados tras ejecutar cada aplicación.

IR AL LIBRO

En este libro explicamos los conceptos más importantes para encaminar tu carrera hacia la arquitectura de software, donde cubrimos los temas más relevantes de la actualidad, como lo son los principales principios de diseño, los atributos de calidad, estilos arquitectónicos y patrones arquitectónicos.

Este no es solo un libro teórico, por el contrario, es un libro que cubre perfectamente la parte teórica, pero también cuenta con proyecto final que iremos analizando durante todo el libro, un proyecto integral de 8 microservicios y una aplicación web en React que permitirá ver todos los conceptos que explicamos en el libro, y no me refiero a 8 proyectos independientes, si no 8 microservicios funcionando al mismo tiempo y creando un ecosistema lo más parecido a lo que verías en empresas de tamaño global.

IR AL LIBRO

Algunos de mis cursos

Finalmente, quiero invitarte a que veas algunos de mis cursos:

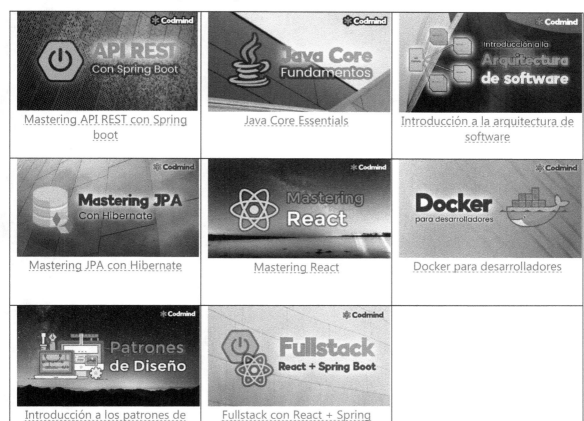

Mastering API REST con Spring boot

Java Core Essentials

Introducción a la arquitectura de software

Mastering JPA con Hibernate

Mastering React

Docker para desarrolladores

Introducción a los patrones de diseño

Fullstack con React + Spring Boot

Agradecimientos

Este libro tiene una especial dedicación a mi esposa Liliana y mi hijo Oscar, quienes son la principal motivación y fuerza para seguir adelante todos los días, por su cariño y comprensión, pero sobre todo por apoyarme y darme esperanzas para escribir este libro.

A mis padres, quien con esfuerzo lograron sacarnos adelante, darnos una educación y hacerme la persona que hoy soy.

A todos los lectores anónimos de mi blog y todas aquellas personas que de buena fe, compraron y recomendaron mis libros y fueron en gran medida quienes me inspiraron para escribir este tercer libro.

Finalmente, quiero agradecerte a ti, por confiar en mí y ser tu copiloto en esta gran aventura para aprender el Arte de la arquitectura de software y muchas cosas más.

Cómo utilizar este libro

Este libro es en lo general fácil de leer y digerir, su objetivo es enseñar todos los conceptos de forma simple y asumiendo que el lector tiene poco o nada de conocimiento del tema, así, sin importar quien lo lea, todos podamos aprender.

Como parte de la dinámica de este libro, hemos agregado una serie de tipos de letras que hará más fácil distinguir entre los conceptos importantes, código, referencias a código y citas. También hemos agregado pequeñas secciones de tips, nuevos conceptos, advertencias y peligros, los cuales mostramos mediante una serie de íconos agradables para resaltar a la vista.

Texto normal:

Es el texto que utilizaremos durante todo el libro, el cual no enfatiza nada en particular.

Negritas:

El texto en negritas es utilizado para enfatizar un texto, de tal forma que buscamos atraer tu atención, ya que se trata de algo importante.

Cursiva:

Lo utilizamos para hacer referencia a fragmentos de código como una variable, método, objeto o instrucciones de líneas de comandos. También se usa para resaltar ciertas palabras técnicas.

Código

Para el código utilizamos un formato especial, el cual permite colorear ciertas palabras especiales, crear el efecto entre líneas y agregar el número de línea que ayude a referenciar el texto con el código.

```
1.   ReactDOM.render(
2.     <h1>Hello, world!</h1>,
3.     document.getElementById('root')
4.   );
```

El texto con fondo verde, lo utilizaremos para indicar líneas que se agregan al código existente.

~~Mientras que el rojo y tachado, es para indicar código que se elimina de un archivo existente.~~

Por otra parte, tenemos los íconos, que nos ayudan para resaltar algunas cosas:

Nuevo concepto: <concepto>
Cuando mencionamos un nuevo concepto o término que vale la pena resaltar.

Tip
Esta caja la utilizamos para dar un tip o sugerencia que nos puede ser de gran utilidad.

Importante
Esta caja se utiliza para mencionar algo muy importante.

Error común
Esta caja se utiliza para mencionar errores muy comunes que pueden ser verdadero dolor de cabeza o para mencionar algo que puede prevenir futuros problemas.

Bomba
Haca referencia a oraciones controversiales que pueden ser controversiales o que pueden confrontar lo que pensábamos de algo. Las bombas son clave para comprender el enfoque de este libro.

Índice

Introducción

Cuando comencé mi carrera en la industria del software (hace más de 18 años), siempre me llamó la atención la arquitectura de software, debido a que me gustaba entender como el software funcionaba, incluso, más allá de lo que cualquier usuario normal podía ver, me gustaba entender como funcionaban las cosas por dentro, por lo que literalmente, entraba a los repositorios de código y veía como estaba implementadas las cosas por dentro, prácticamente era como un minero, escarbando en el código para comprender el funcionamiento de las cosas y enserio que aprendí muchas cosas.

Durante mis expediciones por los repositorios, siempre me encontraba con que la documentación era pobre, un pequeño texto que explicaba de forma general el funcionamiento, algunos métodos comentados por aquí o algunas clases comentadas por allá, pero con suerte (y con mucha suerte) entre la documentación encontraba un diagrama de arquitectura, wow, ver un diagrama era revelador, ya que de un solo vistazo podía apreciar los elementos que componían el proyecto, como se comunicaban, las dependencias, protocolos de comunicación, tecnologías, etc. Ver un diagrama era entender en un minuto, lo que me podrías tomar horas o días con solo analizar el código y es justo allí, cuando nace mi pasión por la arquitectura de software y la importancia de documentarla el software de forma efectiva.

El objetivo de este libro es enseñarte a documentar arquitectura de software ágil, que se adapte a los tiempos modernos, donde los equipos de trabajo se han reducido de 10 o 20 personas, a células Scrum de 3 a máximo 8 personas, y donde los requerimientos pueden cambiar de manera frecuente y sin previo aviso.

En este libro vamos a cuestionar duramente la creencia de que entre más abundante sea la documentación, es mejor, que entre más refinado este un diagrama, aporta más valor, o incluso, que entre más elementos mostremos en un diagrama, da una mejor vista de la arquitectura, de esta misma forma, vamos a cuestionar la complejidad absurda que dan modelos como UML, SysML o ArchiMate, por lo que si tú eres de esas personas obstinadas que quiere hacer las cosas como dice el manual y no como es el mundo real, te invito ahora mismo a que dejes de leer este libro y busques uno de UML, SysML, ArchiMate o lo que sea, en este libro no vengo a enseñarte el manual, pues para eso seguro hay mejores y más completos libros que este, por el contrario, este libro pretende darte un vistazo fresco de cómo crear arquitectura de software con un enfoque ágil y del mundo real.

Finalmente, abordaremos unas de las tendencias más relevantes, que es la documentación como código, que consisten en la creación de la documentación de todo el software mediante herramientas de software, donde tanto el estilo del documento, como los diagramas mismos, son generados 100% mediante código, y no me mal intérpretes, no se trata de aprender otro lenguaje de programación, al contrario, son herramientas que con una sintaxis super simple, puedes crear diagramas de clases, secuencia, interacción, C4, etc.

¿Qué es la agilidad?

Capítulo 1

Antes de comenzar quiero dejar en claro que este no es un libro sobre agilidad, por lo que no nos centraremos en explicar a fondo que es, en su lugar, quise agregar esta unidad para que todos estemos en sintonía sobre lo que es la agilidad y como es que la agilidad ha venido para cambiar la forma en que hacemos software y con ello, la forma en que documentamos la arquitectura, así que para poder hablar de agilidad, es indispensable hablar un poco sobre los modelos de software tradicionales o en cascada, para solo así, poder tener un claro contraste entre los dos y poder apreciar los beneficios.

Cuando la revolución del software comenzó por allí de los años 70, el software se diseñaba pensando que podría tener pocos cambios, pues se tenía la idea de que, si se tomaba un buen tiempo en la fase de análisis, se podría tener una idea bastante acertada de lo que el cliente esperaba. En este sentido, los analistas tomaban nota de todo lo que "creían" que el usuario necesitaba, lo documentaban y se desaparecían por meses; después de un tiempo, el software completo era presentado al cliente y oh sorpresa, pues resultaba que lo que "creía" el analista que necesitaba el cliente, no era realmente lo que necesitaba, entonces, comenzaba una nueva fase de análisis para comprender que fue lo que salió mal, se actualizaban nuevamente los requerimientos y nuevamente, los analistas se desaparecían por meses.

Durante estos meses que los analistas se desaparecían, no es que no hicieran nada, al contrario, se llevan estos requerimientos para refinarlos y posteriormente llevarlos con el arquitecto para que creara la arquitectura del sistema. Dado que los requerimientos se "congelaban" durante meses, era prudente tomarse un buen tiempo para documentar la arquitectura, se podían dar el lujo de hacer diagramas de clases, diagramas de comportamiento, diagramas de compontes y diagramas de lo que se te venga a la cabeza. Debido a que los requerimientos eran estables durante mucho tiempo, era prudente tener todo documentado para que el equipo de construcción pudiera saber exactamente qué hacer. Esto que te acabo de contar, es lo que conocíamos como el modelo de software en cascada que analizaremos a continuación.

El modelo en cascada

El modelo en cascada es una metodología rígida, donde había una serie de fases estrictas que debían cumplirse y que no se podría avanzar a la siguiente hasta que la anterior terminara, dando como resultado un producto "terminado" al final.

 Nuevo concepto: Desarrollo de software en cascada
El desarrollo en cascada, también llamado secuencial o ciclo de vida de un programa, es el enfoque metodológico que ordena rigurosamente las etapas del proceso para el desarrollo de software, de tal forma que el inicio de cada etapa debe esperar a la finalización de la etapa anterior.

— Wikipedia

En la siguiente imagen podemos apreciar con detalle las diferentes etapas que propone el modelo en cascada, así como el orden en que estas deben de ejecutarse.

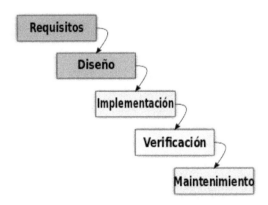

1 Fases del modelo en cascada. El progreso fluye de arriba hacia abajo, como una cascada.

Cada una de estas etapas tenía un objetivo claro, el cual podemos ver a continuación:

- **Requisitos**: Esta fase tiene como objetivo recopilar los requerimientos de los usuarios para comprender los objetivos que su buscan cumplir, dando como resultado el documento de **especificación de requerimientos**.

- **Diseño**: Esta fase se utiliza para organizar los elementos que se pueden construir por separado (módulos o componentes) y creaba el documento *"descripción del diseño del software"*, el cual no era más que un documento enorme que contiene:

  - **Diseño de datos**: Describe estructuras que residen dentro del software, así como sus relaciones y atributos.

  - **Diseño de arquitectura**: Define la estructura del programa, la relación entre los componentes y el flujo de la información, así como los datos de entrada y salida esperados.

  - **Diseño de interfaces**: Esta sección describe las interfaces internas que se utilizarán para conectar con otros sistemas.

  - **Diseño de procesos**: En esta sección se describían mediante una serie de diagramas como se esperaba que el software se comportara, por lo que se apoyaban de gráficos, tablas de datos y notaciones textuales.

- **Implementación**: Esta es básicamente la fase de construcción, donde se toman los requerimientos y el diseño y se traduce a código, dando como resultado una unidad de software ejecutable.

- **Verificación**: En esta fase se ensamblan todas las piezas construidas en fase implementación y se prueban en conjunto para detectar errores y corregirlos.

- **Mantenimiento**: En esta etapa se libera el software final y se le da soporte para corregir todo lo que salió mal y todo lo que no cumple con lo esperado.

Como podrás observar, un arquitecto de software tenía toda una fase completa para diseñar el software, lo que hacía que se pudiera dar el lujo de hacer cuanto documento y diagrama fuera necesario y con la certeza de que los requerimientos no cambiarían a corto plazo.

Proceso de software iterativo

Años después llego el modelo de software iterativo, siendo el Rational Unified Process (RUP) el proceso de software más adoptado a nivel mundial, el cual toma nota de las debilidades del proceso en cascada e introduce un nuevo concepto llamado Iteraciones, las cuales permiten dividir el proyecto en varios ciclos repetitivos.

Nuevo concepto: Proceso Racional Unificado (RUP)

El RUP es un proceso de desarrollo de software desarrollado por la empresa Rational Software, actualmente propiedad de IBM. Junto con el Lenguaje Unificado de Modelado (UML), constituye la metodología estándar más utilizada para el análisis, diseño, implementación y documentación de sistemas orientados a objetos.

— Wikipedia

Nuevo concepto: Unified Modeling Language (UML)

Es el lenguaje de modelado de sistemas de software más conocido y utilizado en la actualidad, y está respaldado por el Object Management Group (OMG)

El modelo Iterativo fue disruptivo en su momento, porque en lugar de esperar a tener todo el software construido antes de presentarlo al usuario (como lo decía el modelo en cascada), el modelo Iterativo invita a tener pequeños releases que pudieran ser presentados al cliente de manera frecuente, con la finalidad de obtener retroalimentación lo antes posible, y de esta forma, poder continuar la siguiente Iteración con los comentarios del cliente.

Nuevo concepto: Iteración

La iteración incluye las actividades de desarrollo que dan lugar al release de un producto; es decir, una versión estable y ejecutable del producto, junto con los demás elementos periféricos necesarios para utilizar este release. Una iteración de desarrollo es, de algún modo, un recorrido completo por todas las disciplinas: requisitos, análisis y diseño, implementación y realización de pruebas, como mínimo.

— RUP

Si analizamos el concepto de iteración mencionado hace un momento, te podrás percatar que, en realidad, una iteración es como un pequeño modelo en cascada, pues tiene una serie de fases que se deben de cumplir, antes de poder continuar con la siguiente.

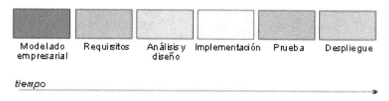

2 - etapas de una iteración.

La diferencia fundamental entre el modelo en cascada y el iterativo radica en que, en el modelo en cascada, habría que esperar hasta que todo el producto esté terminado antes de poder presentarlo al cliente pare recibir retroalimentación. En cambio, en el modelo iterativo, un proyecto se divide en una serie de iteraciones, donde cada iteración tiene un alcance corto y delimitado, que da como resultado, una unidad de software ejecutable, que el cliente puede probar y dar su feedback lo antes posible, de esta forma, al terminar una iteración, abre la posibilidad de tomar nuevos requerimientos, realizar los ajustes necesarios y entregar otra unidad de software al terminar la iteración. De esta forma, vemos que un proyecto puede tener todas las iteraciones que sean necesarias hasta concluir el proyecto.

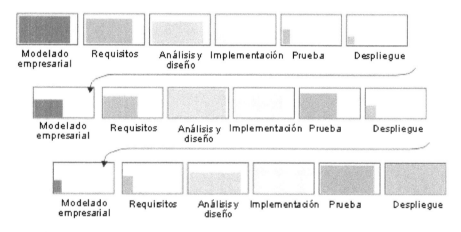

3 - Como se estructuran las iteraciones.

Si prestas atención a la imagen anterior, podrás apreciar que no todas las iteraciones son iguales, pues en las primeras existe una mayor carga de trabajo en las fases de modelado empresarial, requisitos, análisis y diseño, y luego, a medida que el proyecto avanza, estas van disminuyendo a la misma medida que las actividades de implementación, pruebas y despliegue aumentan. Esto que acabo de decir lo puedes ver con mejor claridad en la siguiente imagen:

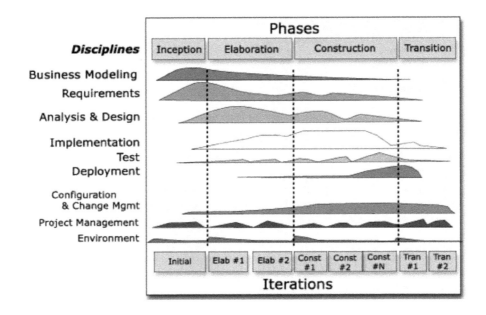

4 - Diagrama de esfuerzo por fases

Disculpa si te aburrí con esta anticuada explicación de lo que era el modelo en cascada e iterativos que de seguro de nada te servirá, pero era necesario retomar estos temas para entender como la agilidad viene a cambiar este paradigma y desde luego como afecta la forma en que documentamos la arquitectura de software.

Desarrollo ágil de software

Uno podrías pensar que el desarrollo ágil es nuevo, sin embargo, es un concepto que ha venido evolucionando desde los años 90, como una reacción a los métodos pesados, estructurados y estrictos provenientes del modelo en cascada, que eran vistos por muchos como lentos y burocráticos.

Se cuenta que, en marzo de 2001, Kent Beck y otros 17 críticos de los modelos tradicionales se reunieron para discutir sobre el desarrollo de software, y de esta reunión se acuño el término "métodos ágiles", como una alternativa a los métodos tradicionales, a los cuales, consideraban pesadas y rígidos, por su carácter normativo y una fuerte dependencia de planificaciones detalladas previa al desarrollo. De esta misma reunión nace lo que hoy conocemos como el **Manifiesto Ágil**, que son los valores y principios sobre los que se asientan los métodos ágiles.

Manifiesto Ágil

Al manifiesto ágil se compone de 4 valores y 12 principios, por lo que comenzaremos primero con los valores:

Tip
Puedes consultar el manifiesto ágil en la siguiente dirección:
https://agilemanifesto.org/iso/es/manifesto.html

Valores del manifiesto ágil:

1) **Valoramos más a los individuos y su interacción que a los procesos y las herramientas**

Este valor nos dice que siempre las personas serán más importantes que los procesos, por lo tanto, los procesos son una herramienta para mejorar la eficiencia, sin embargo, hay tareas que requieren talento y libertad para que la creatividad y la innovación surja.

En otras palabras, la producción basada en procesos persigue que la calidad del resultado sea consecuencia de la calidad de la explicación del proceso, más que en los conocimientos aportados por las personas que lo ejecutan.

* Este es el valor más importante del manifiesto.

Bomba: Los procesos matan la creatividad
Si bien los procesos ayudan a estandarizar la calidad, también matan la creatividad, ya que se asume que, si se sigue el manual a rajatabla sin pensar, llegaremos al resultado esperado. Sin embargo, se ha demostrado que la creatividad surge de la libertad para ejercer la creatividad.

2) **Valoramos más el software que funciona que la documentación exhaustiva.**

Poder anticipar cómo será el funcionamiento del producto final observando prototipos previos o partes ya elaboradas, ofrece un feedback estimulante y enriquecedor, que genera ideas imposibles de concebir en un primer momento, y difícilmente se podrían incluir al redactar un documento de requisitos detallado en el comienzo del proyecto.

Cabe mencionar que el manifiesto no asegura que la documentación sea inútil, solo dice que muchas de ella son innecesarias, incluso asegura que esta siempre será necesaria, ya sea para transferir conocimiento, soporte de hechos, registrar información histórica, documentar normativas obligatorias o cuestiones legales, sin embargo, su relevancia debe de ser menor que el producto final.

En pocas palabras, la comunicación a través de documentos no ofrece la riqueza y generación de valor que logra la comunicación directa entre las personas, y a través de la interacción con prototipos del producto. Por eso, siempre que sea posible debe preferirse reducir al mínimo indispensable el uso de documentación, que requiere trabajo sin aportar un valor directo al producto. Si la organización y los equipos se comunican a través de documentos, además de ocultar la riqueza de la interacción con el producto, forman barreras de burocracia entre departamentos o entre personas.

Bomba: Valora más el software que funciona que la documentación exhaustiva
Siempre nos han dicho que entre más tiempo tomemos en la fase del análisis y diseño, tendremos un mejor resultado, sin embargo, la experiencia nos dice que entre más rápido tengamos un prototipo que enseñar al usuario, más rápido obtendremos información de valor.

Bomba: Reduce al máximo la documentación y maximiza la comunicación
Siempre que sea posible debe preferir reducir al mínimo indispensable el uso de documentación, que requiere trabajo sin aportar un valor directo al producto. Si la organización y los equipos se comunican a través de documentos, además de ocultar la riqueza de la interacción con el producto, forman barreras de burocracia entre departamentos o entre personas.

Algo en lo que quiero detenerme un segundo para reflexionar es que, **en un modelo tradicional, la documentación se ve como un producto de alto valor**, pues a partir de este se construye el software, por lo tanto, a mayor calidad y abundancia de documentación, mejor será el resultado obtenido, sin embargo, en el mundo ágil es lo contrario, pues incluso se dice que la documentación es una herramienta que ayuda, pero no aporta valor directo al producto final, eso sí es una bomba.

3) Valoramos más la colaboración con el cliente que la negociación contractual.

El objetivo de un proyecto ágil no es controlar la ejecución conforme a procesos y cumplimiento de planes, sino proporcionar el mayor valor posible al producto, resulta, por tanto, más adecuada en una relación de colaboración continua con el cliente, más que una relación delimitada por responsabilidades contractual.

Bomba: El objetivo de la agilidad no es controlar el proceso, sino proporcionar el mayor valor posible al producto.
Las metodologías tradicionales buscan cumplir con un proceso definido, un plan de trabajo y unos requisitos previamente definidos, mientras que el modelo ágil busca únicamente proporcionar el mayor valor posible al producto, por lo que acepta retroalimentación continua a partir de la colaboración directa con el cliente, aun cuando estos cambios estén fuera del plan.

En el mundo real, es común ver que los Project Manager (PM) buscan desacreditar a las metodologías ágiles, ya que los PM están acostumbrados a cumplir con un tiempo de entrega, por lo que cumplir los tiempos de entrega es más importante que la calidad misma del software. En el mundo ágil, es al revés, el proyecto se autodirige para aportar mayor valor a la organización, más que en cumplir tiempos de entrega.

4) **Valoramos más la respuesta al cambio que el seguimiento de un plan**

Para desarrollar productos con requisitos inestables, que tienen como factor inherente el cambio y la evolución rápida y continua, resulta mucho más valiosa la capacidad de respuesta que la de seguimiento y aseguramiento de planes. Los principales valores de la gestión ágil son la anticipación y la adaptación, diferentes a los de la gestión de proyectos ortodoxa: planificación y control que evite desviaciones del plan.

Bomba: La agilidad prioriza la anticipación y la adaptación
Los métodos ágiles están abiertos al cambio en cualquier momento, ya que no están atados al cumplimiento de plan de trabajo.

Los 12 principios del manifiesto ágil

Además de los cuatro valores del manifiesto ágil, también se definen 12 principios:

- Nuestra principal prioridad es satisfacer al cliente a través de la entrega temprana y continua de software de valor.
- Son bienvenidos los requisitos cambiantes, incluso si llegan tarde al desarrollo. Los procesos ágiles se doblegan al cambio como ventaja competitiva para el cliente.

- Entregar con frecuencia software que funcione, en periodos de un par de semanas hasta un par de meses, con preferencia en los periodos breves.
- Las personas del negocio y los desarrolladores deben trabajar juntos de forma cotidiana a través del proyecto.
- Construcción de proyectos en torno a individuos motivados, dándoles la oportunidad y el respaldo que necesitan y procurándoles confianza para que realicen la tarea.
- La forma más eficiente y efectiva de comunicar información de ida y vuelta dentro de un equipo de desarrollo es mediante la conversación cara a cara.
- El software que funciona es la principal medida del progreso.
- Los procesos ágiles promueven el desarrollo sostenido. Los patrocinadores, desarrolladores y usuarios deben mantener un ritmo constante de forma indefinida.
- La atención continua a la excelencia técnica enaltece la agilidad.
- La simplicidad como arte para maximizar la cantidad de trabajo que se hace, es esencial.
- Las mejores arquitecturas, requisitos y diseños emergen de equipos que se autoorganizan.
- En intervalos regulares, el equipo reflexiona sobre la forma de ser más efectivo y ajusta su conducta en consecuencia.

Bomba: Los procesos ágiles se doblegan al cambio como ventaja competitiva para el cliente.
En la vida real no le puedes decir a un cliente que se espera al final de la iteración cuando su competidor lo está alcanzando, al cliente le interesa ser ágil, adaptarse a los cambios y poder reaccionar a las estrategias de los competidores.

Bomba: El software que funciona es la principal medida del progreso.
De nada sirve tener un proyecto que se ajuste al plan de trabajo, si el valor que aporta no corresponde con el avance reportado.

Entiendo que, para muchos, esto de las metodologías ágiles pudrían resultar un retroceso a todo lo que conocemos, incluso, podría resultar un poco anarquista, pues como es eso que el plan de trabajo no es tan importante, como es eso de equipos auto organizados, como es eso de que el tiempo de entrega no es tan importante, y cómo es eso de que entre menor documentación es mejor.

Se que todo esto va encontrar de lo que muchos conocemos, y es por esto que te advertí al inicio de este libro que, cuestionaríamos seriamente muchas de las cosas que nos han enseñado a lo largo del tiempo. Nuevamente, sé que esto puede resultar confuso, sé que puede resultar ambiguo, y sé que puede resultar una utopía, pero si me das oportunidad de aterrizar todas estas ideas a la arquitectura de software, verás que poco a poco todo esto irá tomando forma, incluso, veremos como todo lo que te enseñaré en este libro, puede ser aplicado tanto en modelos ágiles como en modelos tradicionales.

¿Qué es la documentación ágil?

Una vez explicado de forma general que son los métodos tradicionales y los métodos ágiles, es hora de darle sentido a este libro, ya que este es un libro sobre documentación ágil y no un libro de agilismo, sin embargo, era necesario tocar estos temas para explicarte lo que viene a continuación.

Si regresamos un poco a los métodos tradicionales, como es el método en cascada y o el iterativo, podremos ver que ambos tienen una etapa especial para el diseño, que puede durar una, dos o más semanas, lo que da un tiempo adecuado para que un arquitecto se tome todo el tiempo necesario para diseñar la solución, ya que se tiene la certeza de que los requerimientos estarán congelados durante un tiempo.

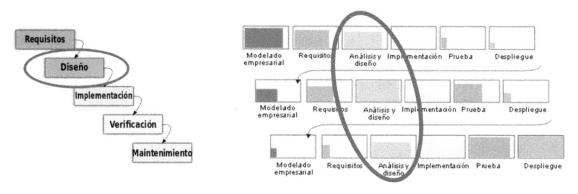

5 - Fases de diseño en el modelo iterativo y cascada

El problema con los proyectos ágiles es que esto no es posible, dado que una iteración (o Sprint si lo quieres ver como Scrum) suelen durar entre una y tres semanas, por lo tanto, no hay tiempo para sentarnos a diseñar una solución completa de la arquitectura del sistema, en su lugar, debemos maximizar el tiempo para hacer la mínima documentación posible pero que tenga un impacto real sobre el equipo de trabajo.

Por otro lado, es importante entender cómo es que se configura un proyecto tradicional vs un proyecto ágil. En un proyecto tradicional, se suelen crear equipos de trabajo muy robustos, compuestos por analistas, programadores, diseñadores, administradores de proyecto, arquitecto, etc. Por otro lado, es común que cada uno de estos, solo tome un rol dentro del proyecto, por ejemplo, un programador, solo programa, un arquitecto, solo se encargar de la arquitectura, un administrador de proyectos, solo administra el proyecto y así nos podemos ir con cada posición.

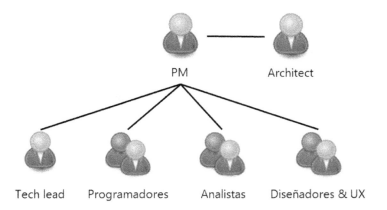

6 - Estructura aproximada de un proyecto tradicional

Los proyectos tradicionales están compuestos en muchas de las ocasiones por un equipo grande y diverso, lo que le permite que cada persona desempeñe una única responsabilidad dentro del proyecto.

En un proyecto ágil tenemos un equipo de trabajo mucho más reducido y plano en su estructura, donde un solo miembro del equipo puede tomar varios roles:

7 - Estructura aproximada de un proyecto ágil

Como podrías apreciar en la imagen anterior, la estructura se ha aplanado, ya no hay un jefe o capataz, que este presionando sobre el avance del proyecto, en su lugar, es un equipo autoadministrado que puede tomar decisiones a medida que el proyecto avanza, pero sobre todo, es que cada persona puede tener varios roles dentro del proyecto, por lo que si antes un arquitecto de software solo se dedicaba a crear la arquitectura, ahora resulta que también tiene que programar, pero también, como es la persona más experimentada, también puede ser el líder técnico, entonces, quizás la semana o dos semanas que antes tenía en un proyecto tradicional, ahora tiene ese mismo tiempo para crear la arquitectura, liderar la parte técnica y cumplir con el desarrollo de las tareas que tiene asignadas, por cierto, súmale ha esto, que los requerimientos pueden cambiar de un día para otro.

En este punto es cuando la documentación ágil comienza a cobrar sentido, pues ya no tenemos una fase como tal de análisis y diseño para diseñar la arquitectura, además, en un proyecto ágil, los cambios son bienvenidos en cualquier momento, recordemos la frase "*Los procesos ágiles se doblegan al cambio como ventaja competitiva para el cliente*". Dicho lo anterior, **no hace sentido crear una arquitectura sumamente elaborada si los cambios se producen con frecuencia.**

Mi punto con todo esto es que, los tiempos han cambiado, los proyectos en los que los requerimientos se mantenían estáticos por meses y donde teníamos semanas para crear la arquitectura del sistema se han ido, hoy las empresas necesitan adaptarse al cambio, reaccionar a la competencia, lanzar promociones agresivas, cambiar los modelos de negocio, necesitan poder anticipar a la competencia y sobre todo, innovar, por lo que procesos pesados y burocráticos impiden cumplir con ese objetivo, al mismo tiempo que las iteraciones reducidas de una a tres semanas hacen imposible dedicar tanto tiempo a documentar el sistema.

Entonces la pregunta es, como diablos se supone que debo documentar la arquitectura, si me estás diciendo que haga la menor cantidad de documentación posible, y por otro lado me dices que UML, SysML o ArchiMate son muy complejas. ¿Me estás diciendo entonces que debo de regresar a las típicas cajitas rectangulares con interconectadas con flechas? La respuesta es sí, totalmente.

Se que en ahora estás pensando; listo Oscar, me hiciste gasta una pasta en este libro para decirme que casi no haga documentación, que deje que el equipo haga lo que quiera, que no me importe el plan de trabajo y ahora me sales con que debo de diseñar la arquitectura con cajas y flechitas.... Al diablo, regrésame mi dinero.

Antes de eso, vamos a analizar lo que está sucediendo en la vida real; Imagina que estás en una reunión con tus compañeros de trabajo donde van a definir la arquitectura del sistema, en este contexto, un miembro de equipo se levante toma un plumón y comienza a dibujar unas cajas, luego, comienza a unir esas cajas con algunas fechas, luego otro se suma y comienzan a discutir sobre esas cajas, como se comunican y agregan más líneas y cajas. Tras un rato de discusión se llega a lo que para ustedes es la arquitectura deseada, la cual se ve algo así:

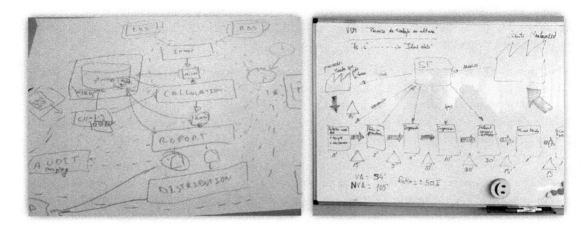

8 - Diagramas de arquitectura más comunes.

Seguramente la reunión terminará con un pizarrón lleno de cuadros con flechas y con un poco de suerte, hasta con diferentes colores. Esto se debe a que todas las personas nos comunicamos mejor con elementos simples, como cajas y líneas, en lugar de diagramas sofisticados y con un nivel de tecnicismo que pocos podrían comprender. Si esto que te estoy contando no fuera cierto, como explicas que la reunión no termina con un diagrama UML de componentes, de secuencia o de interacción, pero la realidad es que no, con algo tan simple como cajas y líneas es más que suficiente para entendernos.

Desde luego que la idea de este libro no es dejar las cosas tan básicas, ya que, si queremos hacer un trabajo profesional, no podemos simplemente agregar fotos de un diagrama dibujado en una pizarra, lo que seguiría es pasar todo esto a un diagrama con una cierta estructura que siga siendo simple y fácil de entender para todas las personas, incluso si no son técnicas.

Para lograr este objetivo de crear documentación ágil, nos apoyaremos de **C4 Model** y de **UML**, dos de las herramientas de modelado más interesante que hay hoy en día, y que nos permitirán crear documentos de arquitectura de alto y bajo nivel (respectivamente).

En la siguiente unidad "**El Modelo C4**" comenzaremos a abordar el modelo C4 para crear la documentación de arquitectura de alto nivel, y dejaremos a UML para documentar solo los aspectos críticos de la arquitectura que requieren un bajo nivel, de esta forma, utilizaremos C4 para crear la gran mayoría de la arquitectura de alto nivel y dejaremos el poder de UML solo para aquellos aspectos que realmente requieran un enfoque de bajo nivel.

Error común: La agilidad no es para todos los proyectos
Un error común es creer que las metodologías ágiles se pueden aplicar a todos los proyectos, dando como resultado que muchos proyectos

ágiles fracasen, pero no porque la agilidad sea mala, sino porque se utilizó el enfoque equivocado.

Herramientas

Diagramar las cosas en papel es chévere, pues nos permite ser muy creativos en al momento de diseñar e innovar, y es por este medio que se forjan la gran mayoría de las ideas, sin embargo, llega el momento en que todas estas ideas deben de ser llevadas a algo más formal, y que pueda ser transmitido al equipo de desarrollo de software, pero también a la organización en general, y es allí donde entra la importancia de las herramientas que nos permiten diagramar nuestras ideas.

Encontrar la mejor herramienta no es simple, ya que debemos encontrar la que mejor se adapten a los objetivos que estamos buscando, que este dentro de nuestro presupuesto, o que la empresa para la cual trabajamos esté dispuesta a pagar.

Analizando las principales herramientas

En esta unidad exploraremos algunas de las herramientas o software más relevante que nos servirán en este libro, exploraremos herramientas de paga, otras free, unas más simples o tras más complejas, y al final tu tomarás la decisión de que herramienta crees que sea la mejor para diagramar tus proyectos.

Seguramente no podremos cubrir todas las herramientas, ya que son muchas, pero trataré de hacer una lista de las herramientas que personalmente he probado y que estoy seguro que podrían funcionar perfectamente para nuestro objetivo de documentar software.

Enterprise Architect

Enterprise Architect es sin duda la herramienta líder del mercado, ya que permite hacer una infinidad de cosas, desde diagramas, reporte, roadmap, procesos de negocio, realizar simulaciones, generar código a partir de diagramas, etc, etc.

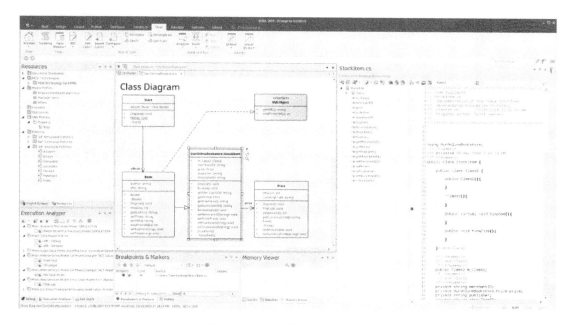

9 - Vista previa de Enterprise Architect.

Si nos basamos únicamente en el modelado de software, Enterprise Architect soportar UML, SysML, TOGAF, BPM, BPEL, diagramas de flujo, diagramas de red, ArchiMate, Modelo C4, entre otros.

Lo único malo con esta herramienta es su precio, ya que puede resultar costoso para muchas empresas pequeñas o medianas. Al momento de escribir este libro, existen 4 versiones, que van desde los 229usd en la versión más básica, hasta los 899usd en la versión más completa.

10 - Costos de Enterprise Architect

Podrás encontrar información de cómo usar el modelo C4 con Enterprise Architect en la siguiente dirección: https://www.sparxsystems.eu/c4/

Enterprise Architect lo puedes encontrar en la URL: https://sparxsystems.com/

StarUML

StartUML es otra de las herramientas más robustas para diagramar software, ya que tiene una interfaz muy amigable e intuitiva, permitiendo crear diagramas de formas rápida. StarUML es un software potente, pero tiene la limitante de que solo soporta UML, SysML, Diagramas de Entidad Relación (ERD), diagramas de flujo de datos (DFD) y diagramas de flujo, por lo que nos puede servir parcialmente para el objetivo de crear arquitectura ágil con el Modelo C4. Si bien StarUML soporta PlugIns para agregar nuevos features, aun no hay ninguno para C4 (al menos al momento de escribir este libro)

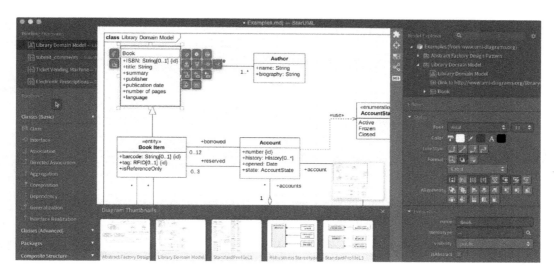

11 - Vista previa de StarUML

El precio de StarUML oscila entre los 69usd en su versión más económica, hasta los 129usd por usuarios.

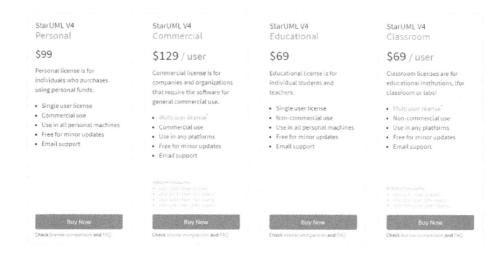

12 - Lista de precios de StarUML.

Esta es una herramienta que yo utilicé algún tiempo, sobre todo cuando creaba diagramas exclusivamente en UML, pero que no logré adaptarlo a la documentación de arquitectura ágil. Sin embargo, siguen siendo útil para diagramar los elementos de más bajo nivel.

StarUML lo puedes encontrar en https://staruml.io

Microsoft Visio

Microsoft es una de esas herramientas especialmente versátiles, que permite crear una infinidad de tipos de diagramas y que es bastante utilizado en entornos empresariales.

Es complicado decirte lo que se puede diagramar con Visio, pues de forma nativa tiene una infinidad de tipos de diagramas, y no me refiero solo al software, si no que tiene diagramas de redes, organizacionales, circuitos, de flujo, procesos, etc, etc, etc. Además de esto, Visio cuenta con una gran cantidad de PlugIns no oficiales, pero igual de buenos para crear nuevos tipos de diagramas, entre los que se encuentra la posibilidad de diagramar con el modelo C4.

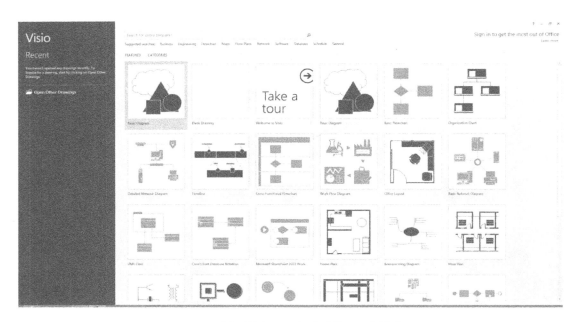

13 - Vista previa de Microsoft Visio.

Debido a su versatilidad, es posible que encuentres Visio en muchos proyectos, ya que es común que las compañías ya tengan licencias como parte de acuerdos comerciales con el sistema operativo Microsoft y Office.

Microsoft Visio tiene un modelo de licencia bastante flexible, ya que podemos pagar por una licencia de por vida, o pagar mensualmente una renta.

14 - Modelo de renta de Microsoft Visio.

En su modalidad de renta podemos pagar unos 97 MXN (5 USD aproximadamente) para la versión web o 290 MXN (15 USD aproximadamente) para la versión web y de escritorio (Los precios son por mes y por usuario).

15 - Modelo de pago único.

En el caso del modelo de pago único, solo tenemos que hacer un solo pago para tener acceso de por vida a la versión actual de Microsoft Visio. El costo dependerá de la versión, 330 USD para la versión estándar y 605 USD para la versión profesional.

La mayor ventaja de Visio es que es de uso general para diagramar prácticamente lo que sea, pero al mismo tiempo es su peor desventaja, ya que, al ser tan general, no tiene muchas opciones avanzadas.

Visio ya soporta de forma nativa UML, sin embargo, para el caso de C4, es necesario bajar una extensión, como es el caso de la siguiente: https://github.com/pihalve/c4model-visio-stencil.

Puedes encontrar a Microsoft Visio en: https://www.microsoft.com/es-mx/microsoft-365/visio/flowchart-software

Visual Paradigma

Visual Paradigm es otra herramienta bastante buena que nos permite diagramar y gestionar el proceso de vida del software, ya que cuenta con herramientas para el proceso ágil con Scrum, administración de procesos con PM, TOGAF, diseño de interfaces gráficas de usuario, casos de uso, generación de código, UML, SysML. BPMN, DFD, etc, etc.

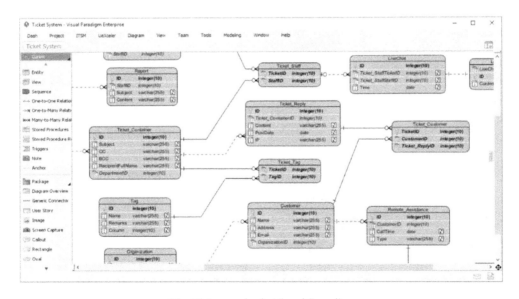

16 - Vista previa de Visual Paradigm.

Esta es otra herramienta de uso general, pues al tener tanta funcionalidad, nos permite crear casi cualquier tipo de diagrama, sin embargo, hablando en el caso concreto del modelo C4, no existe soporte, o al menos hasta el momento de escribir este libro.

Al momento de escribir este libro, Visual Paradigm se puede obtener de dos formas, mediante una licencia perpetua o por suscripción mensual.

17 - Suscripción perpetua.

18 - Suscripción mensual.

Para la mayoría de los casos, con la licencia "*Modeler*" podría ser suficiente, al menos para los diagramas básicos de UML, sin embargo, siempre es bueno darle una revisada a las características de cada edición para asegurarnos de que cumpla con lo que estamos buscando.

Visual Paradigm lo puedes encontrar en: https://www.visual-paradigm.com/

Archi

Archi es una de las aplicaciones más utilizadas para la arquitectura empresarial, ya que está especializada en ArchiMate, pero también cuenta con la ventaja de que es Open Source, lo que significa que lo podemos usar sin ningún costo.

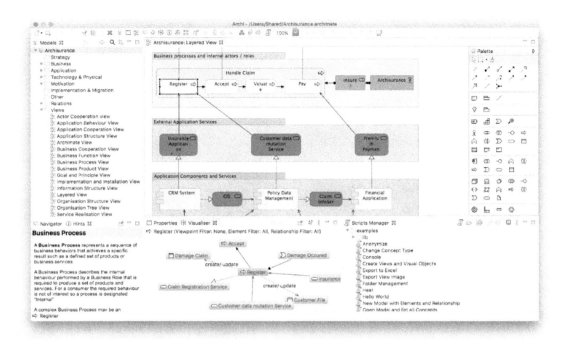

19 - Vista previa de Archi.

El inconveniente con esta herramienta es que prácticamente sirve para arquitectura empresarial, y es utilizado principalmente por los que utilizan TOGAF y al menos hasta el momento de escribir este libro, no soportar UML u otro tipo de diagramas para el modelado de software.

Archi no soporta de forma nativa al modelo C4, pero es posible utilizar el siguiente Plugin de la comunidad: https://github.com/ChangeVision/astah-c4model-plugin.

Puedes encontrar a Archi en la siguiente dirección: https://www.archimatetool.com.

Eclipse Papyrus

Papyrus es en realidad una PlugIn que se instala sobre Eclipse, el IDE más importante para el desarrollo en Java y que lo dota de capacidades para la creación de diagramas variados, entre los que se encuentran: UML, SysML, BPMN, PSCS, Business Motivation Model, Máquinas de estado, diseño de interfaces Mock-up, etc, etc.

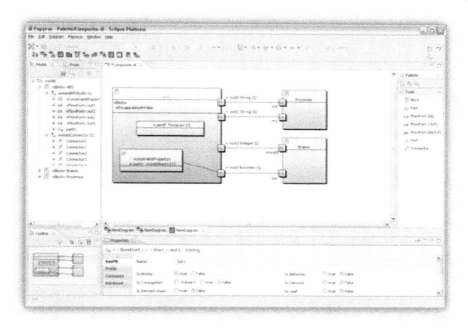

20 - Vista precia de Papyrus.

Una de las principales ventajas de esta herramienta es que soporta varios estándares de documentación y que es Open Source, lo que significa que no tiene un precio por uso. Además, al manejar el concepto de proyectos, permite organizar mucho mejor los diagramas, en lugar de tener archivos por separado.

En el caso puntual del modelo C4, no existe o al menos en mi conocimiento, una PlugIn para el modelo C4.

Podemos obtener Papyrus en la siguiente dirección: https://www.eclipse.org/papyrus/.

Gaphor

Gaphor es una herramienta muy simple, pero que cumple con su propósito, al permitir realizar diagramas básicos, como diagramas de clases, componentes, interacción, estado y UML, SysML en general, pero al mismo tiempo, tiene soporte para Modelo C4 de forma nativa.

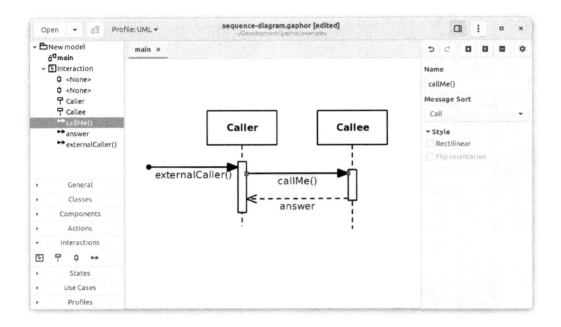

21 - Vista previa de Gaphor.

Esta herramienta me gusta por lo simple que es, además de que organiza sus elementos como proyectos, lo que ayuda a tener un control mejor sobre todos los diagramas del proyecto. Dado que soporta el Modelo C4 de forma nativa, no es necesario hacer nada para comenzar a crear arquitectura de software ágil.

Puedes descargar Gaphor en la siguiente dirección: https://gaphor.org/

Diagrams.net

Diagrams.net (anteriormente draw.io) es una de mis herramientas favoritas por diferentes razones, entre las destacan que tiene una versión web y otra de escritorio, permite crear una infinidad diferente de diagramas, desde software, hardware, scrum, flujo, etc, etc.

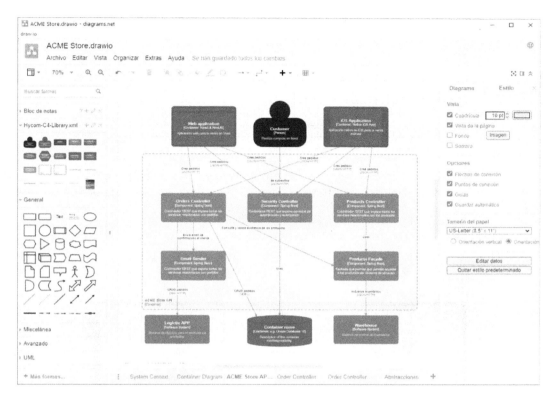

22 - Vista previa de diagrams.net

Diagrams.net es la herramienta que yo uso con más frecuencia, ya que me permite crear diagramas simples, rápidos y que pueda compartir con mis clientes si necesidad de que todo tengamos una licencia o el software instalado, lo cual lo hace muy conveniente para equipos distribuidos.

Diagrams.net no cuenta con soporte nativo para el Modelo C4, pero cuenta con uno de los mejores plugins, para crear diagramas con C4, el cual puedes encontrar aquí: https://github.com/hycomsa/hycom-c4.

Puedes encontrar la versión de escritorio o utilizar la versión web en la siguiente dirección: https://www.diagrams.net.

Instalar y configurar Diagrams.net

En este libro basaremos todos nuestros ejemplos en **Diagrams.net** por varias razones, entre las que destacan:

- Es una herramienta libre, lo que garantiza el acceso para todos los lectores

- Cuenta con una versión web y de escritorio.

- Cuenta con soporte nativa para una gran cantidad de diagramas, entre los que se encuentra UML.

- Tiene uno de los mejores PlugIns para el Modelo C4.

- Es de las herramientas más simples de utilizar.

En lo particular yo utilizo casi siempre Diagrams.net, por las ventajas que te he mencionado, pero también porque francamente se hace muy fácil de utilizar, y como está en Web, simplemente acceso sin tener que instalar nada.

Para comenzar a trabajar con Diagrams.net, solo hay que acceder a su página web y seleccionar la versión que vamos a utilizar:

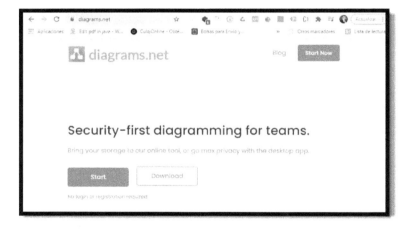

23 - Página de inicio de diagrams.net

Para comenzar con la versión web solo es necesario dar clic en el botón Start para que nos redireccione a la aplicación web:

24 - Versión web de diagrams.net.

También está la posibilidad de usar la versión de escritorio, por lo que solo tendremos que dar clic en el botón de "*download*" de la página principal de diagrams.net. En la página de descargar simplemente seleccionar la versión adecuada para nuestro sistema operativo:

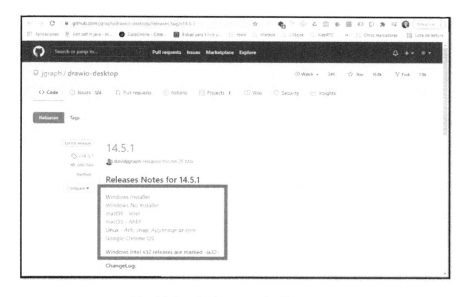

25 - Página de descarga de diagrams.net.

Una vez descarda, simplemente seguimos los pasos del instalador y listo, al terminar tendremos la aplicación corriendo:

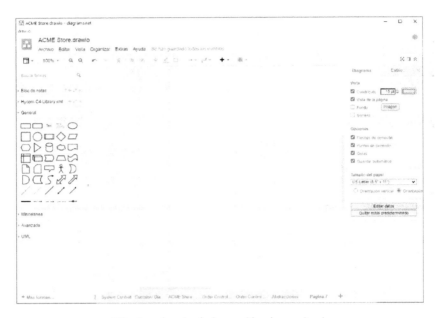

26 - Apariencia de la versión de escritorio.

La realidad es que la versión web y la versión de escritorio son la misma cosa, ya que al final la versión de escritorio renderiza localmente la versión web, así que bueno, podemos trabajar con la versión que nos sintamos más cómodos.

Instalar el complemento de C4

El complemento que vamos a estar utilizando se llamada Hycom-C4, es posible instalarlo sin ningún costo, para ello, vamos a ir a https://github.com/hycomsa/hycom-c4 para ver el repositorio.

Instalación en la versión web:

Para instalar este complemento en la versión web, basta con ir el repositorio del plugin (compartido hace un momento), he irnos a la sección *"Just click the link!"*, la cual simplemente hay que presionar para que nos redireccione a diagrams.net con el plugin instalado.

Just click the link!

You can start really easy! Just click the following link and start using **Hycom C4** library in *diagrams.net* online application: https://app.diagrams.net/?clibs=Uhttps://raw.githubusercontent.com/hycomsa/hycom-c4/main/Hycom%20C4&splash=0

---

27 - Link de instalación para la versión web.

Al dar clic nos redireccionará a diagrams.net con el plugin instalado, por lo que podremos observar que ya están disponibles los íconos de C4 en la barra de herramientas:

28 - Barra de herramientas con C4 instalado.

Instalación en la versión de escritorio:

Si te decides por la versión de escritorio, será necesario descargar el repositorio como tal, por lo que vamos ir nuevamente a la página del repositorio (compartida anteriormente) y daremos clic en el botón verde que dice "*Code*", seguido en "*Download ZIP*".

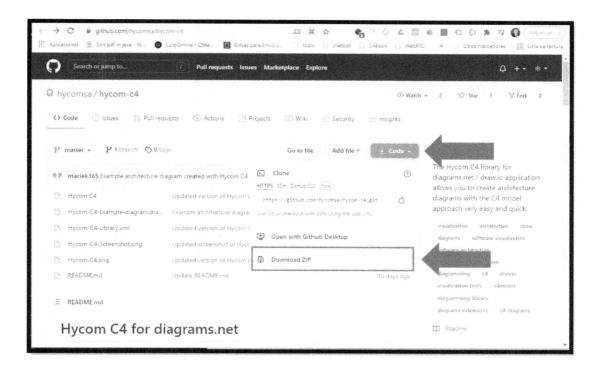

29 - Descargando el repositorio de Hycom-C4.

Una vez descomprimido, vamos a ir Diagrams y damos clic en Archivo → Abrir Biblioteca (File → Open Library). Tras dar clic nos solicitará que pongamos la dirección de la nueva librería, por lo que desde esta ventana vamos a ir al lugar donde descomprimimos el ZIP y vamos a seleccionar el archivo *Hycom-C4-Library.xml*.

Tras importarlo, notaremos que se ha habilitado la sección de íconos de C4 en el menú de herramientas del lado izquierdo:

30 - Barra de herramientas de Diagrams versión de escritorio.

Primeros pasos con Diagrams.net

Comenzar con esta herramienta es sumamente simple, ya que, al ser una herramienta de uso general, no tiene tantas opciones o funcionalidades que nos complique la vida. En este caso, Diagramas.net está divido básicamente en 4 secciones:

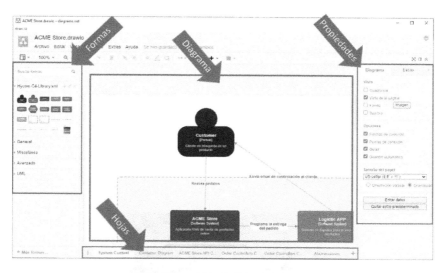

31 - Estructura de Diagramas.net

- **Diagrama**: El diagrama o lienzo es la sección del centro de la aplicación, que es donde vamos a crear el diagrama.
- **Formas**: La sección de formas es la que se ubica en al costado izquierdo, en esta podemos observar todos los diferentes tipos de elementos o formas que podemos dibujar en el diagrama.
- **Propiedades**: Sección en la que podemos personalizar la apariencia del elemento seleccionado, ya sea color, alineación, color, forma, etc.
- **Hojas**: En esta sección podemos ir creando varios diagramas en el mismo documento, ideal para ir diagramando las diferentes vistas de nuestra arquitectura.

Como podremos observar, es bastante simple, por lo que no nos detendremos en explicar en este momento su funcionamiento, solo basta con que comiences a experimentar con la herramienta, crea algunos diagramas, únelos con algunas flechas, ponle algún texto, etc, verás que no se requiere ser un genio para comenzar a utilizar Digramas.net y esa es precisamente una de las razones por las que la utilizo constantemente.

En el repositorio de GitHub del libro encontrarás algunos diagramas de ejemplo que podrás abrir para darte una idea de cómo estaremos creando los diagramas en este libro, sin embargo, te recomiendo que no guardes ningún cambio aún, ya que más adelante retomaremos estos diagramas para explicarlos con más detalle.

https://github.com/oscarjb1/book-documentacion-agil-de-arquitectura-software/tree/master/driagramas

Si ya tienes experiencia con GIT y ya lo tienes instalado, puedes descargar el repositorio usando el siguiente comando:

> `git clone https://github.com/oscarjb1/book-documentacion-agil-de-arquitectura-software.git`

Si solo quieres descargar el repositorio como un zip, puedes descargarlo mediante la siguiente url:

> `https://github.com/oscarjb1/book-documentacion-agil-de-arquitectura-software/archive/refs/heads/master.zip`

Una vez descargado, nos dirigimos a diagramas.net y abrimos los archivos de ejemplo ubicados en la carpeta /diagramas/examples

32 - Estructura del repositorio GitHub.

En esta carpeta podrás ver 4 ejemplos de los diferentes diagramas que estaremos analizando en este libro, me refiero al diagrama de Contexto del sistema, diagrama Contenedores, diagrama de Componentes y diagramas UML para diagramar a bajo nivel.

NOTA: Diagrams.net soporta una gran cantidad de tipos de diagramas/formas, por tal motivo es imposible visualizarlos todos en la paleta de formas (costado izquierdo), por esta razón la gran mayoría de estos están ocultos de forma predeterminada, por lo que siempre podremos dar clic en el link " + *Más formas...* " que se localiza en la esquina inferior izquierda, lo que nos abrirá un menú con todas las formas disponibles para agregar o quitarlas de la paleta de formas.

C4 Model

Capítulo 3

"Pídale a alguien en la industria de la construcción que comunique visualmente la arquitectura de un edificio y le presentarán planos del sitio, planos de planta, vistas en alzado, vistas en sección transversal y dibujos detallados. Por el contrario, pida a un desarrollador de software que comunique la arquitectura de software de un sistema de software mediante diagramas y es probable que obtenga un desorden confuso de recuadros y líneas ... notación inconsistente (codificación de colores, formas, estilos de línea, etc.), nombres ambiguos, relaciones no etiquetadas, terminología genérica, opciones de tecnología que faltan, abstracciones mixtas, etc."

Así es como Simon Brown (autor del modelo C4) comienza a explicar la motivación por la cual decidió crear el Modelo C4, qué es básicamente lo que hemos viendo hablando hasta ahora, y que a pesar de que hay varias herramientas para modelar arquitectura, la realidad es que parece ser que la gente las ha dejado de utilizar, y vemos que la gran mayoría está regresando a los diagramas de cajas y líneas simples, en lugar de diagramas altamente sofisticados y que en muchas de las ocasiones, no todo el equipo sabe interpretar.

A pesar de que el modelo C4 está dirigido principalmente a arquitectos y desarrolladores de software, el modelo C4 está diseñado para que el equipo de desarrollo pueda comunicar de forma efectiva y eficiente la arquitectura en diferentes niveles de detalle, lo que **permite contar diferentes historias a diferentes tipos de audiencia**.

Tip

El modelo C4 permite contar diferentes historias a diferentes tipos de audiencia. Esto permite que diferentes actores de la organización puedan comprender la arquitectura en un nivel adecuado de detalle.

Esto último que acabo de mencionar, es uno de los aspectos más importantes y relevantes del modelo C4 con referencia a UML, SysML o Archimate, pues estos últimos son documentos altamente técnicos que solo personas con un conocimiento profundo podría llegar a entender, sin embargo, y como acabamos de mencionar, el modelo C4 permite contar diferentes historias a diferentes tipos de audiencia, lo que significa que podemos crear diagramas de alto nivel enfocados a directivos con cero conocimiento técnico, y a la vez, contar esa misma historia con el nivel de detalle y tecnicismo que sea necesario. Pero parar comprender esto, es necesario comparar al modelo C4 con Google Maps.

Google Maps tiene la característica que nos permite alejarnos y acercarnos a un determinado lugar, y a medida que nos acercamos, más detalle nos da, por el contrario, cuando nos alejamos, perdemos detalle, pero nos muestra una imagen más clara de donde estamos, y en lugar de mostrarnos calles, podemos ver los países con los que colinda, los ríos, los continentes y hasta los océanos.

33 - Diferentes vistas de Google Maps.

Para comprender esto mejor, imagina que quieres llegar a un determinado lugar de Irlanda, lo primero que vas a necesitar es un mapa que te muestre donde está ubicada Irlanda, por lo tanto, vas a necesitar un mapa como el primero de la imagen anterior, donde se muestre a alto nivel la ubicación de Irlanda. Una vez que ya ubicaste donde está Irlanda, quizás requieras un mapa con más detalle, que te muestre mejor la geología de Irlanda y los países cercanos. Después de eso, será necesario un mapa con más detalles de Irlanda, que te muestre las carreteras y quizás los lugares importantes para visitar, finalmente, tendrás una vista en tierra del lugar al que te diriges.

De esta misma forma, C4 permite diagramar la arquitectura en niveles, permitiendo que los diagramas de más alto nivel sean una referencia muy simple del sistema, pero al mismo tiempo, permite que usuarios no técnicos como los directores, comerciales o los mismos usuarios del sistema, puedan comprender a alto nivel la arquitectura del sistema sin tener ningún conocimiento técnicos, sin embargo, a medida que vamos profundizando, vamos creando diagramas más concretos y detallados que pueden tener el suficiente detalle para que un programador lo pueda comprender a bajo nivel.

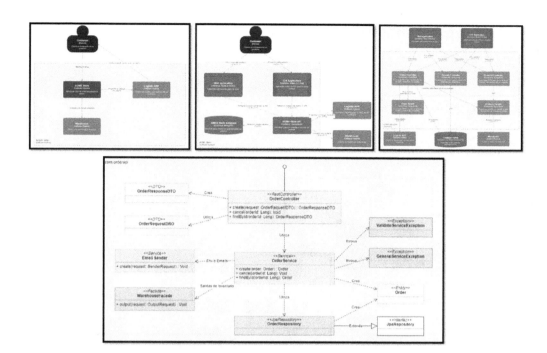

34 - Diferentes niveles que ofrece el modelo C4.

La imagen anterior muestra los 4 niveles que ofrece C4, comenzando del más abstracto al más concreto. En este sentido, los 4 niveles son:

- Nivel 1: Conformado por el **diagrama de contexto del sistema**, que proporciona el punto de partida de la arquitectura, y muestra como la aplicación encaja en el ámbito que lo rodea.

- Nivel 2: Conformado del **diagrama de contenedores**, el cual hace zoom al diagrama de contexto del sistema y representan en alto nivel los bloques que conforman el sistema, es decir, aquellas unidades de software ejecutables.

- Nivel 3: Conformado del **diagrama de componentes**, el cual hace zoom en el diagrama de contenedores para mostrar con más detalle todos los componentes que conforman al contenedor.

- Nivel 4: Este nivel es opcional y permite utilizar cualquier **diagrama de código** (UML, SysML, etc) para representar técnicamente como un componente individual debe de ser implementado. Este diagrama hace un zoom al diagrama de componentes.

Como podrás observar, cada uno de los niveles definidos por el modelo C4, hace zoom del diagrama anterior, de esta forma, los diagramas de niveles superiores son mucho más abstractos y con un nivel de tecnicismo menor, así pues, a medida que bajamos de nivel, vamos agregando más detalles de implementación, como tecnología, protocolos, hasta llegar al último nivel, en el cual nos podemos apoyar de diagramas como UML para diagramar los detalles de implementación finos.

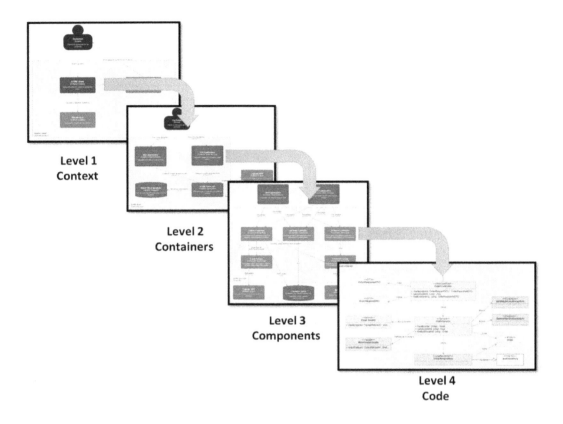

35 - Los diferentes niveles de zoom soportado por el modelo C4.

Notación del modelo C4

El modelo C4 fue diseñado desde su origen para ser sumamente ligero y ágil, por lo que evita al máximo crear diagramas complejos o utilizar una terminología demasiado sofisticada, sin embargo, hay ciertos conceptos que son necesario entender para poder crear los diferentes diagramas, por lo que en esta sección nos detendremos a explicar los conceptos de "Persona" (**Person**), "Sistema de software" (**Software System**), "Contenedores" (**Container**), "Componente" (**Component**), "Relación" (**Relationship**) y Límites (**Bundles**).

Person (Persona)

Una "**Persona**" es una forma abstracta de representar a un **usuario humado** de la aplicación, estos usuarios pueden se representados con un nombre y un rol o el papel que juega dentro del sistema. Una "Persona" es muy parecido a lo que conocemos en UML como "Actores", con la única diferencia de que en C4, una "Persona" es un usuario humano, mientras que en UML, un "Actor" puede ser un humano u otro sistema.

Nuevo concepto: Person (Persona)
Una persona representa a uno de los usuarios humanos de su sistema de software (por ejemplo, actores, roles, personajes, etc.).

—— C4 Model

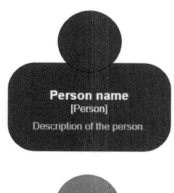

Este es el ícono que el modelo C4 recomienda para representar a una "Persona", el cual es claramente la siluete de una persona, y está acompañado de 3 elementos de texto obligatorios.

- **Persona Name**: Se utiliza para poner el nombre de la persona, rol o el papel que juega dentro del sistema, aunque lo más normal es poner el rol, por ejemplo: cajero, administrador, vendedor, supervisor, asistente, etc.
- **[Person]**: Esta sección es estática, y se utiliza solo para dejar en claro que este elemento es una "Persona". Esto es muy parecido a los «Estereotipos» que usamos en UML.
- **Description of the person**: Esta sección se utiliza para describir a la persona o la acción que realizará dentro del sistema, por ejemplo, Administrador del sistema

Es común en el modelo C4 que utilicemos dos colores para representar a las "Personas", donde la versión gris representa las personas externas a nuestra aplicación, mientras que las personas a color, representa a las "Personas" relacionadas directamente con nuestro sistema.

Software System (Sistema de software)

El "**Sistema de software**" es la abstracción de más alto nivel en C4, colocándose en el **Nivel 1**, pues representa algo que ofrece valor a los usuarios, en este sentido, un sistema de software puede ser una serie de soluciones o componentes de software que en su conjunto ofrecen una determinada funcionalidad.

 Nuevo concepto: Software System (Sistema de software)
Un sistema de software es el nivel más alto de abstracción y describe algo que ofrece valor a sus usuarios.

— C4 Model

System name [Software System] Description of the software system. **External system name** [Software System] Description of the external software system.	Este es el ícono que el modelo C4 recomienda para a un "Sistema de software", y representada por una caja común y corriente que contiene 3 elementos de texto obligatorios. • **System Name**: Se utiliza para nombrar al sistema de software, que representa una funcionalidad de alto nivel, por ejemplo, B2B, CRM, Chatbot, Sistema de facturación, Sistema de inventario, etc. • **[Software System]**: Esta sección es estática, y se utiliza solo para dejar en claro que este elemento es un "Sistema de Software". Esto es muy parecido a los «Estereotipos» que usamos en UML. • **Description of software system**: Esta sección se utiliza para describir la esencia del sistema de software o la funcionalidad que da al negocio, por ejemplo, Permite realizar pedidos en línea, Lleva el control de inventario de los productos, Gestiona las relaciones con los clientes, etc. Es común en el modelo C4 que utilicemos dos colores para representar a los "Sistemas de software", donde la versión gris representa los sistemas externos y la versión a color para representar los sistemas que forman parte de la solución.

Containers (Contenedores)

Un "**Contenedor**" lo podemos definir como una unidad de software ejecutable, que puede ser ejecutar de forma separado del resto de la aplicación. En otras palabras, un contenedor podrías ser una aplicación de escritorio, una app móvil, una aplicación del lado del servidor o una aplicación web. Un detalle importante a resaltar respecto a los contendedores, es que representan el **Nivel 2** dentro del modelo C4, lo que quiere decir que un "Sistema de software" puede estar conformado de uno o más contendedores.

 Nuevo concepto: Container (Contenedor)
Un contenedor es una unidad ejecutable/implementable por separado (por ejemplo, un proceso separado) que ejecuta código o almacena datos.

— C4 Model

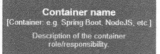

En el caso de los contenedores es posible utilizar más de una solo figura. Si bien es posible simplemente utilizar la primera de estas (rectángulo simple), es posible utilizar otras variantes que se adaptan mejor al tipo de contenedor.

- Variante 1: Se utiliza por lo general para aplicaciones de backend o aplicaciones que corren en segundo plano.
- Variante 2: Se utiliza para aplicaciones de escritorio, aplicaciones web o páginas web.
- Variante 3: Se utiliza para aplicaciones móviles, ya sean iOS, Android o hibridas.
- Variante 4: Se utiliza para representar bases de datos, ya sean SQL o No SQL.
- Variante 5: Se utiliza para representar un Microservicio.
- Variante 6: Se utiliza para representar un bus de mensajes tipo RabbitMQ o Kafka.

NOTA: Cabe mencionar que el modelo C4 solo propone la variante 1 como la estándar, sin embargo, está abierto a usar formas más representativas que se adapte mejor al contenedor.

Al igual que los anteriores, este también tiene 3 elementos de texto, los cuales son:

- **Container Name**: Se utiliza para darle un nombre al contenedor. Algunos nombres de contenedores pueden ser: Web

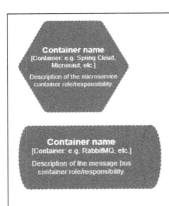

application, Single-Page application, Mobile App, API application, Database, etc.

- **[Container + tecnología]**: En el caso de los contenedores no se utiliza un valor estático, en su lugar, se suele poner Container + el nombre de la tecnología en que está construido, por ejemplo [Container: iOS] o [Container: JavaScript].
- **Description of the container role/responsability**: En esta sección se deberá indicar el rol o la responsabilidad que tiene el contenedor con respecto al sistema de software.

Components (Componentes)

Los "Componentes" representa el Nivel 3 dentro del modelo C4, y permite descomponer un contenedor en todos los elementos que lo conforman, así como la forma en que se relacionan e interactúan entre sí.

Nuevo concepto: Component (Componente)

La palabra "componente" es un término muy sobrecargado en la industria del desarrollo de software, pero en este contexto, un componente es una agrupación de funciones relacionadas encapsuladas detrás de una interfaz bien definida.

— C4 Model

Según el modelo C4, los "Componentes" se representan mediante un rectángulo simples, al igual que los sistemas o los contenedores, aunque se suele utilizar un color o un tomo diferente al resto para que pueda ser distinguido de forma más rápida. Los componentes contienen 3 elementos de texto, los cuales son obligatorios.

- **Component Name**: Se utiliza para nombrar al componente. El nombre del componente suele presentar el rol dentro de la aplicación, como SigIn Controller, User Service, Order DAO, etc.
- **[Component + type]**: En el caso de los componentes, se suele poner el prefijo Componente para dejar en claro que se trata de un componente, y luego se puede poner una descripción que represente el tipo de componente o el rol que tiene, como por

	ejemplo, Service, DAO, Controller, DTO, etc.
	• **Description of the component role/responsability**: Describe la responsabilidad o rol que tiene el componente dentro del contenedor

Error común
Un error común respecto a los contenedores es creer que un Contenedor de C4 es lo mismo que un contenedor de Docker. Un contenedor en C4 es solo una unidad de software que puede ser ejecutada y no tiene por qué estar precisamente empaquetada en una imagen de Docker para su ejecución.

Relationships (Relaciones)

Las relaciones sirven para representar de forma unidireccional la relación entre dos elementos, y es representada mediante una flecha simple

	Una relación tiene dos secciones, las cuales analizaremos a continuación: • **Description**: Se utiliza para describir el tipo de interacción entre dos elementos de una forma no técnica, de tal forma que cualquier persona pueda interpretarlo • **[Technology]**: Este campo es opcional según el tipo de diagrama, y se utiliza para representar el protocolo o la tecnología que se utiliza para llevar a cabo la comunicación. Más adelante cuando veamos lo tipos de diagramas veremos cuando utilizarlo.

Bundles (Límites)

Los "**Límites**" no son más que una caja punteada que se utiliza para delimitar el contexto de una aplicación, por lo que es utiliza por ejemplo para: delimitar las aplicaciones internas o externas, servicios en la nube u onpremise, etc.

 **Description** [Bundle type]	Un límite contiene dos secciones, las cuales definimos a continuación • **Description**: Describe el propósito o lo que engloba ese límite, por ejemplo, CRM, Red privada, Nube pública, etc. • **[Bundle Type]**: Según el tipo de diagrama que estamos usando, es posible definir el tipo de elementos que estamos diagramando, por ejemplo: [Software System], [Containers], etc. Este elemento puede ser opcional en algunos casos que analizaremos en su momento.

La jerarquía de elementos de C4

Comprender la notación del modelo C4 es importante porque nos permite identificar rápidamente a que se refiere cada elemento, sin embargo, el modelo C4 trabaja de una forma jerárquica, de tal forma que los elementos de más alto nivel, agrupan o abstraen a los de más bajo nivel.

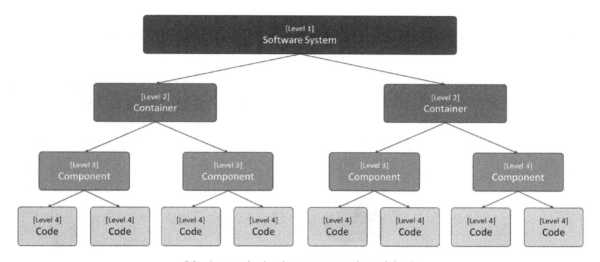

36 - Jerarquía de elementos en el modelo C4.

Si observamos con detenimiento el diagrama anterior, podemos apreciar que un "**Sistema de software**" está compuesto de "**Contenedores**", los "Contenedores" están compuestos de "**Componentes**" y los "**Componentes**" están compuestos de "**Code**". Es importante notar que cada uno de los elementos superiores, puede tener 0 o más elementos del nivel inferior, ya que, por ejemplo, un sistema puede estar creado a partir de varios contenedores, por otro lado, hay ocasiones que no es necesario llegar al detalle, por lo que un elemento puede ya no tener elementos se su nivel inferior.

Todos estos elementos que acabamos de mencionar, los explicamos en la sección pasada, con la única excepción de "**Code**" o el nivel 4, ya que lo dejaremos al final, por que se trabaja de una forma diferente al resto.

Tipos de diagramas

Una vez que ya estamos familiarizados con las notaciones y las jerarquías de elementos del modelo C4, es hora de pasar a la parte interesante de este libro, que es comenzar a diagramar nuestra arquitectura, así que demos una rápida explicación de los diferentes diagramas que proporciona C4.

Estructura general de un diagrama en C4

Antes de pasar a los diagramas concretos que ofrece el modelo C4, es importante mencionar la estructura común que comparten todos los diagramas para evitar repetir esto en cada diagrama, y de esta forma, ser un poco más eficientes en las explicaciones siguientes.

Básicamente, un diagrama contiene 3 secciones, el cuerpo, la descripción y las notaciones. Veamos un ejemplo:

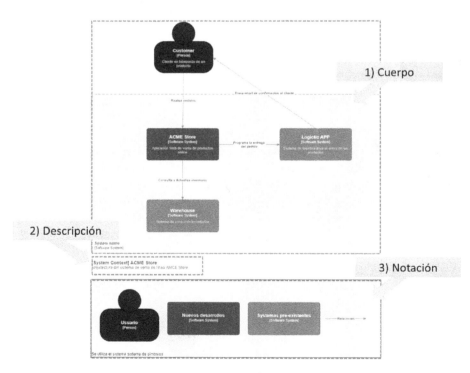

37 - Estructura de un diagrama en C4.

- **Cuerpo**: El cuerpo corresponde al diagrama como tal, donde vamos a diagramar la arquitectura del sistema. En esta sección es donde aparecen los Personas, Sistemas de software, Contenedores, Componentes.
- **Descripción**: En esta sección deberá aparecer el tipo de diagrama (System Context, Container, Component) se guido del nombre del diagrama. En otra línea y con un texto más pequeño, se coloca la descripción del diagrama, es decir, de describe que es lo que se está modelando en ese diagrama para que cualquier persona pueda comprenderlo mejor.
- **Notación**: Esta sección se utiliza para poner todas las notaciones que usamos en el diagrama, con la finalidad de tener un mutuo entendimiento entre toda la audiencia del diagrama.

System Context Diagram

El diagrama del contexto del sistema es el diagrama de más alto nivel utilizado para modelar el sistema que estamos diseñando, así como los sistemas que lo rodean. La idea detrás de este diagrama es colocar en el centro el sistema que estamos modelando, rodeado por sus usuarios y otros sistemas relevantes. El propósito es proporcionar una vista clara del contexto en el que opera el sistema.

En este diagrama los detalles no son importantes, así como las tecnologías o los protocoles, ya que este diagrama está diseñado para poder ser mostrado a personas sin conocimiento técnico.

En la siguiente imagen, podemos apreciar un ejemplo de un diagrama de sistema de software para ACME Store, una tienda en línea desarrollada como una aplicación web. Esta aplicación requiere de otros sistemas para funcionar, por lo que podemos ver otros sistemas adicionales en el diagrama. Sin embargo, las diferentes tonalidades de color son utilizadas para representar claramente los sistemas existentes en tonos grises, mientras que el sistema ACME Store está en tonalidad purpura, lo que resalta que este diagrama se enfoca en este sistema en particular.

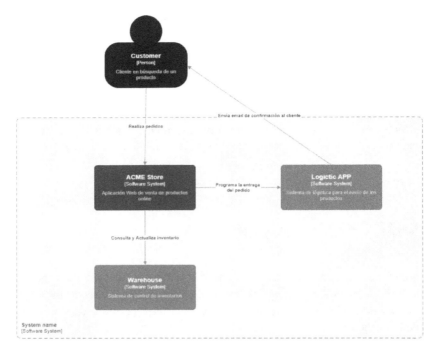

38 - Software System Diagram.

Otros elementos que podemos apreciar es la Persona que opera el sistema y las relaciones que indican el flujo de comunicación y una breve descripción que explica el motivo de esa comunicación.

Si tuviéramos que comparar este diagrama con Google maps, lo podríamos comprar con la imagen más alejada:

 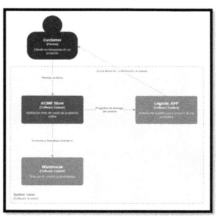

39 - Comparación del diagrama de sistemas con Google maps.

Siguiendo el ejemplo de Irlanda, podrás ver que la imagen de Google maps no da mucho detalle del país, pero nos da otro tipo de información, como su ubicación, los países que lo rodean y la unión europea en general. De esta misma forma, el diagrama de sistema no da mucha información del sistema, si no que se centra en analizar donde está el sistema con respecto a los demás, con que otros sistemas interactúa y las personas que lo utilizan.

Alcance	Un solo sistema de software
Elementos primarios	El sistema de software en el alcance.
Elementos de apoyo	Personas (por ejemplo, usuarios, actores, roles o personas) y sistemas de software (dependencias externas) que están directamente conectados al sistema de software.
Público objetivo	Todos, tanto técnicos como no técnicos, dentro y fuera del equipo de desarrollo de software.

Si analizamos con más detalle el diagrama de contexto del sistema, podremos ver los siguientes elementos:

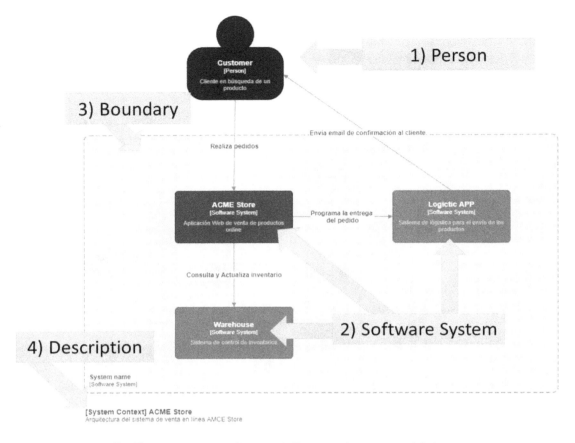

40 - Elementos que conforman el diagrama de contexto del sistema.

1) **Persons**: En este diagrama podemos poner todas las "Personas" que interactúan con el sistema que estamos diseñando, los cuales pueden ser más de uno.

2) **Software Systems**: Al ser un diagrama de alto nivel, solo se debe de representar el sistema que estamos modelando a color, y todos los demás sistemas con los que interactuaría nuestro sistema deberían quedar en tonos grises. Cabe mencionar que este diagrama solo tiene como alcance al sistema que estamos modelando, por lo que solo deberemos poner ese sistema al centro y solo poner los sistemas con los que existe una interacción directa.

3) **Boundarys**: Los límites del sistema nos permiten delimitar ciertos contextos, por ejemplo, podremos representar los sistemas que son internos de la compañía, los que viven en una nube pública o privada, etc. Pueden existir tantos Límites como sean necesarios.

4) **Diagram description**: La descripción del diagrama debe de mostrar el tipo de diagrama, que en este caso sería [System Context] seguido del nombre del diagrama o lo que está representando. En la siguiente línea y con un texto más pequeño, deberá contener una descripción de lo que se está modelando en ese diagrama.

En el diagrama anterior estamos diagramando un ecommerce llamado ACME Store, que más adelante analizaremos en este libro y que será nuestro proyecto final, por ahora solo te adelanto que ACME Store es una tienda en línea que permite vender productos, por lo tanto, tiene un Persona que es el usuario y al centro del diagrama, tenemos el Sistema de software ACME Store rodeado de los otros sistemas con los que interactúa directamente.

Otro punto importante en este tipo de diagramas es que todas las relaciones deben de tener una descripción clara que describa a nivel de negocio, el motivo por el cual se comunican, ya sea consultar un pedido, guardar una orden, enviar un email, etc. la idea es que cualquier persona, incluso no técnica, pueda entender la relación, por lo que es importante evitar tecnicismos, protocolos, lenguajes, o cualquier otra palabra que pueda ser difícil de entender por personal no técnico.

Este diagrama es de tan alto nivel que es poco probable que cambie con el tiempo, ya que las únicas razones por las que podría verse afectado son la adición o eliminación de nuevos sistemas de software de la arquitectura, lo que ocurre con poca frecuencia. Además, si esto sucediera, sería fácil de actualizar, lo que fomenta el diseño de arquitecturas ágiles.

NOTA: En este tipo de diagrama solo deberá aparecer el sistema que estamos modelando en este momento y deberá estar rodeado únicamente de los sistemas con los que interactúa directamente, por lo tanto, las notaciones esperadas en este diagrama únicamente son: Sistemas de software, Personas, Límites y sus relaciones. Los contenedores y los componentes no deberán ser incluido en este diagrama, ya que estos se analizando en los diagramas de los siguientes niveles.

> Podrás encontrar un ejemplo del diagrama de contexto del sistema en la sección de ejemplos del repositorio: https://github.com/oscarjb1/book-documentacion-agil-de-arquitectura-software/tree/master/driagramas/examples

Error común

Un error común es agregar al diagrama las dependencias, de los sistemas externos, es decir, agregar los sistemas de los cuales dependen los sistemas en gris. Los sistemas en gris deben ser vistos como una caja negra y no nos interesa para nada el detalle de éstos, por lo que sólo se agregan al diagrama, si el sistema que estamos modelando tiene una dependencia directa con ellos.

Container Diagram

El diagrama de contenedores está posicionado en el nivel 2 del modelo C4, contando con un poco más de detalle que el diagrama de contexto del sistema, sin embargo, este diagrama continúa siendo de alto nivel al centrarse únicamente en las piezas de software ejecutables, cómo se distribuyen, sus responsabilidades, cómo se comunican y las tecnologías utilizadas. Este diagrama es como si hiciéramos zoom al *sistema de software* que modelamos en el diagrama de *contexto de sistema* para analizar su estructura interna.

En este diagrama los detalles siguen sin ser realmente relevantes, pero si se profundiza en algunos aspectos, como los componentes que conforma el sistema, el tipo de aplicación, protocolo de comunicación utilizado para la comunicación entre los diferentes contenedores o las personas.

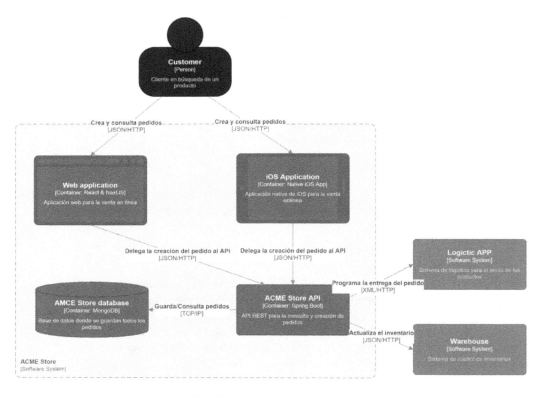

41 - Diagrama de contenedores

Si analizamos la imagen anterior, podemos apreciar como un sistema de software en realidad está compuesto de varios contenedores, los cuales, a su vez, son en realidad unidades de software ejecutables.

Algo en lo que debemos prestar atención en este diagrama es que un Sistema de Software puedes estar compuestos de varios contenedores, que, en su conjunto, forman lo que conocemos como un Sistema de Software.

En este nuevo diagrama podrás observar que al centro se colocan todos los contenedores que conforman al sistema de software, y usamos un límite (bundle) para delimitar que todos los contenedores son parte del mismo sistema que estamos modelando. Por otro lado, podrás observar que por fuera del límite están las personas que interactúan con el sistema y, además, otros sistemas externos con los cuales los contenedores interactúan.

Si tuviéramos que comparar este diagrama con Google maps, lo podríamos comparar con una imagen un poco más enfocada en Irlanda, pero sigue conservando un alto nivel de abstracción:

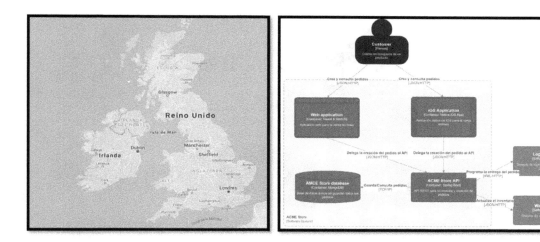

42 - Comparación del diagrama de contenedores con Google maps.

Si regresamos nuevamente al ejemplo de Irlanda, podrás notar que el mapa ya no muestra a todo el continente, en su lugar, solo muestra los países y las islas que lo rodean directamente. Si bien perdemos un poco el contexto de donde está Irlanda en comparación con el mundo, ganamos otros detalles, por ejemplo, podemos ver ya la capital, ciudades importantes y podemos apreciar más claramente las carreteras principales.

De esta misma forma, el diagrama de contenedores nos comienza a dar más detalles de las unidades de software ejecutables que componente al sistema, así como los sistemas externos que los rodean y la comunicación que existe entre los otros contenedores y sistemas. Adicional, podrás apreciar que las relaciones ahora cuentan con el protocolo usado para la comunicación.

Alcance	Un solo sistema de software.
Elementos primarios	Contenedores dentro del sistema de software en el alcance
Elementos de apoyo	Personal técnico dentro y fuera del equipo de desarrollo de software, incluidos arquitectos de software, desarrolladores, personal de operaciones y soporte.
Público objetivo	Todos, tanto técnicos como no técnicos, dentro y fuera del equipo de desarrollo de software.

Si analizamos con más detalle el diagrama de contenedores, podremos ver los siguientes elementos:

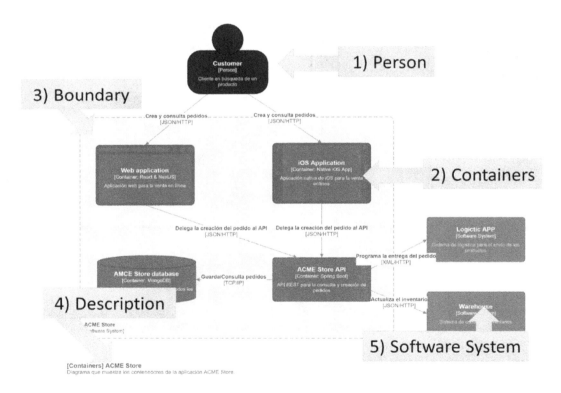

43 - Elementos que conforman el diagrama de contenedores.

- **Persons**: Al igual que en el diagrama del contexto del sistema, en este diagrama podemos ver a las personas que interactúan con el sistema, con la diferencia de que ahora, podemos apreciar que personas, utilizan que contenedores y el protocolo para la comunicación.

- **Containers**: Si recordamos, este diagrama hace zoom sobre un solo sistema de software, por lo que este diagrama se incluyen únicamente los contenedores o unidades de software ejecutables que forman parte del sistema que estamos modelando. Podrás observar que utilizamos las diferentes variables para representar a los contenedores según el tipo de aplicación.

- **Boundarys**: El bundary o límite nos ayuda a delimitar el alcance del sistema al mismo tiempo que contiene todos los contenedores que conforman al sistema.

- **Diagram description**: La descripción del diagrama debe de mostrar el tipo de diagrama, que en este caso sería [Container] seguido del nombre del diagrama o lo que está representando. En la siguiente línea y con un texto más pequeño, deberá contener una descripción de lo que se está modelando en ese diagrama.

- **Software System (External)**: El diagrama de contenedores puede representar los sistemas externos con los que los contendores interactúan directamente.

Para este ejemplo, estamos modelando el sistema de software ECME Store, en el cual podemos observar que el sistema en realidad está conformado por una aplicación web, una aplicación móvil, un API y una base de datos. Podrás observar que cada uno de estos contenedores cumple con que son unidades de software ejecutables, es decir, podemos ejecutar la aplicación web en un servidor para atender la peticiones, por otro lado, la aplicación móvil puede ser subida a la App Store para que los usuarios la descarguen y la utilicen, por otro lado, el API es otra aplicación que puede vivir en otro servidor para dar soporte a la aplicación web y al app móvil, finalmente, la base de datos es otra aplicación que se puede instalar y ejecutar por separado. En este sentido podrás apreciar que un contenedor no es una imagen Docker, si no una unidad de software que se puede ejecutar.

NOTA: Este diagrama solo se centra en los contenedores, por lo que se espera que solo tengamos contenedores dentro de nuestro límite principal. De la misma forma, el límite central representa al sistema de software. Si los contenedores tienen dependencias con otros sistemas, estos deberán ser representados como sistemas externos (fuera de límite y en color gris).

- ➢ Podrás encontrar un ejemplo del diagrama de contenedores en la sección de ejemplos del repositorio: https://github.com/oscarjb1/book-documentacion-agil-de-arquitectura-software/tree/master/driagramas/examples.

Component Diagram

El diagrama de componentes hace zoom sobre un contenedor para ilustrar los principales componentes estructurales y como es que estos se comunican entre sí, en otras palabras, el diagrama de componentes muestra como un contenedor se compone de una serie de componentes, al mismo tiempo que indica cuales son estos componentes, sus responsabilidades y los detalles técnicos de implementación. Este diagrama se encuentra en el **Nivel 3** dentro del modelo C4, es decir, es un nivel intermedio, ya que sigue siendo de alto nivel técnico, pero ofrece mucha más información sobre un contenedor determinado de lo que podría dar el diagrama de contenedores.

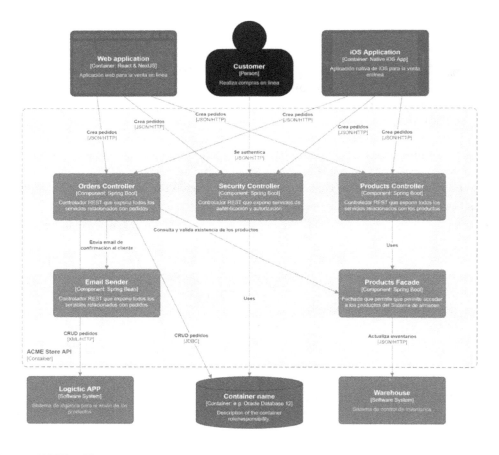

44 - Diagrama de componentes

En este diagrama, los detalles comienzan a cobrar sentido para el equipo de desarrollo, pues muestra los componentes más relevantes que lo confirman, su responsabilidad, los protocolos y tecnologías utilizadas en su implementación. Este es un diagrama más enfocado al equipo de desarrollo, pues sus detalles técnicos hacen difícil de comprender por una persona ajena al equipo de desarrollo. En este nuevo diagrama podemos apreciar que el foco está sobre los componentes internos del contenedor, los cuales se ven rodeados de un límite que delimita el alcance del contenedor.

Si recuerdas el diagrama de contenedor que vimos en la sección pasada, recordarás que se cubrían 4 contenedores, una app web, una app móvil, un API y una base de datos, y si observar que en este nuevo diagrama verás que 3 de ellos siguen siendo representados como contenedores, me refiero a la base de datos, y las dos apps, pero como este diagrama hace zoom sobre el API, podrás notar que este ya no aparece como contenedor, pero el límite que rodea los componentes si especifica que es un contenedor, esto quiere decir que un diagrama de componentes hace zoom solo en un contenedor.

Otro de los detalles importantes es que, los sistemas utilizados por los contenedores son representados como sistemas externos, al estar fuera de los límites del contenedor que contiene los componentes que estamos modelando.

Si tuviéramos que comparar el diagrama de componentes con Google maps, tendríamos una vista mucho más cercana:

 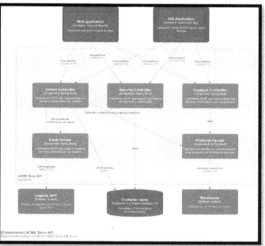

45 - Comparación del diagrama de componentes con Google Maps.

Nuevamente si regresamos al caso de Irlanda, podrás observar que toda la información referente al contexto de donde está Irlanda ha desaparecido, así que salvo que sepas exactamente dónde está la isla, no podrás llegar allá. Por otro lado, al perder el detalle general, ganamos más información específica de Irlanda, ya que ahora somos capaces de ver las 4 provincias y los condados en los que está dividida la isla.

De la misma forma que pasa con Google Maps, el diagrama de componentes nos da nuevos detalles de la implementación del contenedor, donde ya podemos observar los componentes más relevantes, sus conexiones, protocolos de comunicación, tecnologías y las relaciones con una anotación que nos dice como es que cada componente interactúa entre sí.

Alcance	Un solo contenedor.
Elementos primarios	Componentes dentro del contenedor.
Elementos de apoyo	Contenedores (dentro del sistema de software en el alcance) más personas y sistemas de software directamente conectados a los componentes.
Público objetivo	arquitectos y desarrolladores de software.

Podrás observar que el público objetivo de este diagrama son arquitectos y programadores, ya que el detalle técnico que tiene no hace sentido para una persona no técnica. Para estos casos tenemos el diagrama de contexto del sistema y el diagrama de contenedores.

Si analizamos con más detalle el diagrama de contenedores, podremos ver los siguientes elementos:

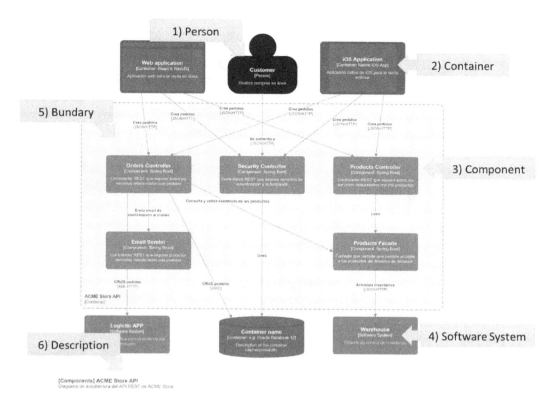

46 - Elementos que conforman el diagrama de componentes.

- **Persons**: Podemos poner a todas las personas que tengan una interacción directa con los componentes que estamos modelando.

- **Containers**: En este diagrama deberemos de poner únicamente los contenedores con los que los componentes interactúan directamente, evitando poner relaciones de segundo nivel que hagan más complejo el diagrama.

- **Components**: Deben incluirse solamente los componentes que conforman al contenedor, incluyendo la tecnología o el tipo de componente, así como una descripción que indique cuál es su rol dentro del diagrama.

- **Software System (External)**: Al igual que en los componentes, solo veremos de colocar los sistemas con los que los componentes tienen una comunicación directa, y representándolos como sistemas externos.

- **Boundarys**: El bundary o límite nos ayuda a delimitar el alcance del sistema, al mismo tiempo que, contiene todos los contenedores que conforman al sistema.

- **Diagram description**: La descripción del diagrama debe de mostrar el tipo de diagrama, que en este caso sería [Container] seguido del nombre del diagrama o lo que está representando. En la siguiente línea y con un texto más pequeño, deberá contener una descripción de lo que se está modelando en ese diagrama.

Dado que un diagrama de compontes solo muestra el detalle de un contenedor, será necesario crear tantos diagramas de componentes como contenedores tengamos, salvo algunas excepciones puntales, ya que existen contenedores en los que no es necesario profundizar o simplemente no aporta un valor arquitectónico real. Un caso claro de esto es la base de datos, ya que, al ser un producto proporcionado por un tercero, no es necesario profundizar en su implementación. Otro caso sería cuando se trata de un contenedor muy simple o que el problema que resuelve es muy conocido, por lo que no aporta valor real al equipo de desarrollo, por ejemplo, un componente que envía emails o que genera un reporte.

> Podrás encontrar un ejemplo del diagrama de componentes del sistema en la sección de ejemplos del repositorio: https://github.com/oscarjb1/book-documentacion-agil-de-arquitectura-software/tree/master/driagramas/examples.

Code Diagram

El diagrama de código de C4 es una de las vistas arquitecturales del modelo C4. Su objetivo es mostrar cómo se relacionan las clases y componentes del sistema con el código fuente que los implementa. Este diagrama proporciona una vista de alto nivel de la estructura del código fuente, lo que puede ser de gran ayuda para los desarrolladores y arquitectos de software durante el proceso de diseño y desarrollo de un sistema.

En este diagrama, se puede representar la estructura del sistema a través de los diferentes niveles de abstracción, desde los componentes más grandes hasta los detalles más específicos del código fuente. En este sentido, el diagrama de código de C4 se puede dividir en diferentes capas, según el nivel de abstracción que se quiera representar. Por ejemplo, una capa puede mostrar los componentes principales del sistema, como los módulos y paquetes, mientras que otra capa puede mostrar las clases individuales que se encuentran dentro de estos componentes.

Cada componente o clase se representa como un rectángulo, y las relaciones entre ellos se muestran a través de líneas y símbolos. Además, se pueden utilizar diferentes colores y etiquetas para resaltar diferentes aspectos del código fuente, como las dependencias entre clases, los patrones de diseño utilizados, etc.

La visualización de la estructura del código fuente a través del diagrama de código de C4 puede ser muy útil para entender cómo se relacionan las diferentes partes del sistema, cómo se organiza el código fuente, y cómo se pueden hacer mejoras o modificaciones en el mismo. También puede ser de gran ayuda para la documentación del sistema y para la comunicación entre los miembros del equipo de desarrollo.

Por lo general, se suele utilizar diagramas de clase de UML, diagramas de entidad relación o similares, aunque no está cerrar a utilizar cualquier tipo de diagrama que veamos conveniente o que aporte un valor real al equipo de desarrollo o arquitectura.

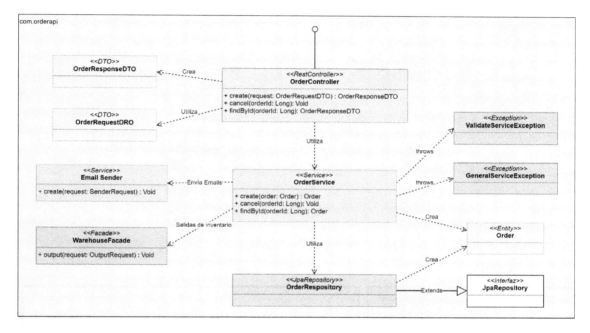

[Components] ACME Store API
Diagrama de arquitectura del API REST de ACME Store

47- Ejemplo de un diagrama de clases.

El motivo por el cual es el diagrama de clases es totalmente opcional es que **está reservado únicamente para los componentes más importantes y complejos del sistema.**

Dado que el modelo C4 fue diseñado para crear arquitectura de forma ágil, no es importante crear diagramas de clases para todo el sistema, ya que esto ocasionaría caer en la trampa del diseño de arquitectura en cascada, donde creamos toda la arquitectura a bajo nivel. Otro de los problemas de crear muchos diagramas de clases es que requiere mucho mantenimiento, ya que los cambios por más simples que sea pueden tener un impacto sobre el diagrama de clases, es por este motivo que debemos crear este tipo de diagramas únicamente para los componentes más importantes del sistema, y de los cuales si aporta un valor real tener una documentación de bajo nivel.

Error común: Crear demasiados diagramas de clases

Crear demasiados diagramas de clases es considerado un error por dos razones, la primera, es que se requiere una inversión de tiempo considerable para poder aterrizar a bajo nivel los componentes, y la segunda, no siempre aportan un valor real al equipo de desarrollo.

Tip

Una forma de identificar fácilmente que componentes requieren un diagrama de clases es evaluar los componentes clave o core del sistema, aquellos componentes que atacan el objetivo principal y que su fracaso o mala implementación puede poner en riesgo el proyecto.

Otra razón es que el componente sea tan complejo, que sea necesario aterrizar el diseño a bajo nivel para poder ser ejecutado exitosamente por el equipo de desarrollo.

Si tuviéramos que comparar el diagrama de clases con Google maps, tendríamos la vista de Street view, es decir, tendríamos el mayor detalle posible:

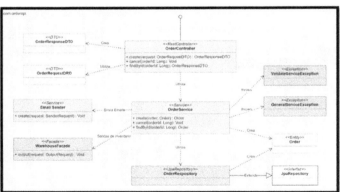

48 - Comparando el diagrama de clases a Google maps.

Si observamos la vista de Google Street View, podrás notar que podemos ver la dirección completa de donde estamos ubicados, podemos ver los edificios (si hay) o incluso ver los carros o personas que van pasando por el lugar. De esta misma forma, el diagrama de clases nos permite ver los detalles más concretos de la implementación del componente, como puede ser sus clases, atributos, métodos, relaciones o la forma en que estos interactúan entre sí.

Alcance	Un solo componente
Elementos primarios	Diagramas de clase, secuencia, interacción, diagramas entidad relaciona, tablas, etc. En realidad, se puede usar cualquier tipo de diagrama de UML o cualquier otro lenguaje de modelado.
Público objetivo	arquitectos y desarrolladores de software.

Cabe destacar que, al ser un diagrama de bajo nivel, está reservado solo para el equipo técnico, como desarrolladores y arquitectos de la aplicación.

Dado que en esta sección podemos utilizar una gran cantidad de diagramas, dejaremos pendiente las secciones o elementos que pueden contener este diagrama, y lo retomaremos más adelante cuando entremos de lleno a UML.

> ➢ Podrás encontrar un ejemplo del diagrama de clases en la sección de ejemplos del repositorio: https://github.com/oscarjb1/book-documentacion-agil-de-arquitectura-software/tree/master/driagramas/examples.

Diagramas dinámicos

Unos de los inconvenientes con los anteriores diagramas es que son estáticos, es decir, solo muestran la estructura de los elementos, pero no nos dice nada acerca de su comportamiento en tiempo de ejecución o el orden de ejecución de los elementos en el diagrama.

Para solucionar este inconveniente, C4 propone los diagramas dinámicos o Dynamics, los cuales se centra más en su comportamiento. El diagrama Dynamic se utiliza para ilustrar cómo los diferentes componentes de un sistema interactúan entre sí y cómo se producen los flujos de datos y eventos en el sistema. En términos generales, el diagrama Dynamic se utiliza para modelar el comportamiento dinámico de un sistema y para mostrar cómo los componentes del sistema se comunican entre sí para llevar a cabo una tarea o un proceso específico.

El diagrama Dynamic es particularmente útil para los desarrolladores y los arquitectos de software, ya que les permite comprender cómo funciona el sistema y cómo los diferentes componentes interactúan para realizar una tarea. Además, el diagrama Dynamic también es una herramienta útil para planificar y mejorar el rendimiento del sistema.

En el diagrama Dynamic, los componentes del sistema se representan como cajas y las interacciones entre ellos se muestran mediante flechas que indican los flujos de datos o eventos que se producen en el sistema. Las flechas pueden estar etiquetadas para indicar el tipo de flujo de datos o eventos que se producen, como solicitudes HTTP, mensajes de correo electrónico, llamadas a API, entre otros.

Además, el diagrama Dynamic también puede incluir información sobre los estados del sistema, como los estados de los componentes del sistema, los estados de los datos y los estados de los procesos.

Entre las posibles aplicaciones y beneficios del diagrama Dynamic podemos destacar los siguientes:

- Comprender el comportamiento del sistema: el diagrama Dynamic ayuda a los desarrolladores y arquitectos a comprender cómo funcionan los diferentes componentes del sistema y cómo interactúan entre sí.
- Identificar problemas de rendimiento: el diagrama Dynamic también es una herramienta útil para identificar cuellos de botella o problemas de rendimiento en el sistema, ya que muestra cómo se producen los flujos de datos y eventos en el sistema.
- Planificar mejoras del sistema: el diagrama Dynamic puede ser utilizado para planificar mejoras en el sistema y para identificar las áreas donde se pueden realizar mejoras para mejorar el rendimiento y la eficiencia del sistema.
- Comunicar el comportamiento del sistema: el diagrama Dynamic es una herramienta útil para comunicar el comportamiento del sistema a los interesados en el proyecto, como los propietarios de negocio y los gerentes.

Por ejemplo, si queremos analizar cómo funciona el proceso de login de una aplicación que utiliza SSO, podríamos tener un diagrama algo así:

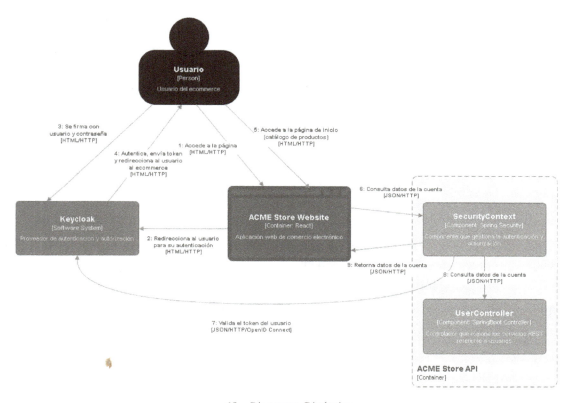

49 - Diagrama Dinámico

En este diagrama podemos ver una amalgama de Personas, Componentes, Sistemas y Contenedores con la única finalidad de tener una vista completa de todo lo que sucede cuando un usuario se autentica en la plataforma. En este sentido, podemos ver que las relaciones están enumeradas para indicar el orden de ejecución.

No existe una regla de cuantos diagramas dinámicos debe tener una arquitectura, ni tampoco el modelo C4 nos obliga a crearlos, por el contrario, nos invita a crearlos solo donde creemos que aporte un valor arquitectónico, en este sentido, puede que existen procesos o flujos de trabajo más complejos que valga la pena detenerse un momento para crear un diagrama de este tipo.

Diagramas de despliegue

El diagrama de Deployment se utiliza para modelar la arquitectura de software de un sistema en términos de componentes y cómo estos componentes se despliegan en el hardware. El objetivo principal del diagrama de Deployment es representar la topología física de un sistema, es decir, cómo se distribuyen los componentes del sistema en diferentes nodos o servidores físicos.

En el diagrama de Deployment del modelo C4, los componentes del sistema se representan como nodos, que pueden ser hardware o software. Los nodos se conectan mediante líneas que representan las relaciones físicas entre ellos. Los nodos también pueden tener puertos, que representan los puntos de conexión que permiten que los componentes se comuniquen entre sí.

Una de las principales diferencias entre el diagrama de Deployment y otros diagramas de arquitectura, como el diagrama de Componentes o el diagrama de Clases, es que el diagrama de Deployment se enfoca en la infraestructura física en la que se ejecuta el software. Por lo tanto, se utiliza para modelar la relación entre los componentes de software y los servidores físicos, y cómo estos componentes interactúan con el hardware.

Otra diferencia importante es que el diagrama de Deployment es particularmente útil para modelar sistemas distribuidos o sistemas que se ejecutan en la nube, donde los componentes del sistema se despliegan en diferentes servidores o máquinas virtuales.

Entonces, el diagrama de Deployment del modelo C4 es una herramienta útil para representar la topología física de un sistema, y cómo los componentes de software se distribuyen en diferentes servidores o máquinas virtuales. Se diferencia de otros diagramas de arquitectura en que se enfoca en la infraestructura física en la que se ejecuta el software, y es particularmente útil para modelar sistemas distribuidos o sistemas que se ejecutan en la nube.

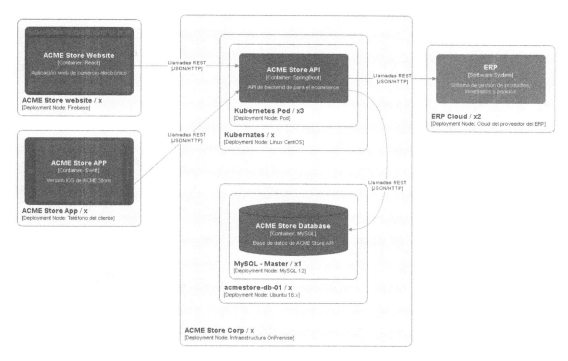

50 - Diagrama de despliegue

En este diagrama, los límites juegan un papel ligeramente diferente, dado que son usados para representar límites físicos como infraestructura, servidores, o servidores de aplicaciones, pero al mismo tiempo, delimite la ubicación en donde vive un componente, ya sea on-premise, en una nube pública, etc.

Introducción a UML

Capítulo 4

UML (Unified Modeling Language) es un lenguaje de modelado visual utilizado en la ingeniería de software para diseñar, representar y documentar sistemas de software. Fue creado por Grady Booch, Ivar Jacobson y James Rumbaugh en 1997 como una fusión de sus propias metodologías de modelado y se ha convertido en un estándar de la industria.

Los diagramas UML pueden ser utilizados en todas las etapas del ciclo de vida del desarrollo de software, desde la planificación y el diseño hasta la implementación y el mantenimiento. Además, UML se puede utilizar en una variedad de enfoques de desarrollo de software, incluyendo el desarrollo de software orientado a objetos, el desarrollo de software basado en componentes y el desarrollo de software basado en servicios.

En este sentido, UML ofrece una gran cantidad de diagramas para cubrir diferentes enfoques del ciclo de vida del software, sin embargo, a mí me gusta agruparlos en dos clasificaciones, dinámicos y estáticos:

Diagramas estáticos:

- **Diagrama de clases**: muestra la estructura de las clases y las relaciones entre ellas.
- **Diagrama de componentes**: representa los componentes del sistema y sus relaciones, incluyendo los archivos binarios, las bibliotecas y los ejecutables.
- **Diagrama de despliegue**: muestra cómo los componentes del sistema se distribuyen en hardware y software.
- **Diagrama de paquetes**: da un vistazo de los paquetes del sistema y las clases que contienen.

Diagramas dinámicos:

- **Diagrama de casos de uso**: describe las diferentes formas en que los usuarios pueden interactuar con el sistema.
- **Diagrama de secuencia**: representa la interacción entre objetos a lo largo del tiempo, mostrando los mensajes enviados y recibidos.

- **Diagrama de comunicación**: similar al diagrama de secuencia, pero se centra en la organización de objetos y sus interacciones.
- **Diagrama de actividad**: describe el flujo de trabajo o proceso que ocurre en un sistema, mostrando las actividades, decisiones y ramificaciones del proceso.
- **Diagrama de estado**: muestra los posibles estados de un objeto y las transiciones entre ellos.

Este libro no pretende ser una guía de UML, pues explicar cada uno de estos diagramas, nos podría llevar un libro entero, además de que nos saldríamos un poco del tema de documentar la arquitectura de software. Es por ello que analizaremos los diagramas que, desde mi punto de vista, aporta más a la arquitectura.

UML y Modelo C4

Cuando hablamos de UML y C4 es fácil llegar a la conclusión de por qué usar C4 si UML es un lenguaje de modelo más completo y más ampliamente aceptado, la cual es una duda razonable, sin embargo, UML y C4 cumplen diferentes objetivos, aunque relacionado.

UML y C4 son dos herramientas que se utilizan para diseñar sistemas de software. UML es una herramienta más generalizada y completa que se utiliza en **diferentes etapas del ciclo de vida del software**, mientras que C4 se enfoca **específicamente en la arquitectura del software** y ofrece un conjunto de diagramas específicos para representar la estructura del sistema. UML tiene una notación gráfica reconocida que se utiliza para representar diferentes elementos de modelado, mientras que C4 utiliza una notación gráfica propia que se centra en la estructura de la arquitectura del software, por lo que, UML y C4 son diferentes herramientas que se enfocan en diferentes aspectos del diseño de software.

C4 tiene las ventajas de que permite diagramar a muy alto nivel la estructura de un sistema, incluso, está diseñado para poder ser presentado a ejecutivos con nulos niveles de conocimiento técnico, sin embargo, C4 no profundiza en los detalles de implementación, tal como lo hace UML, es por este motivo que, C4 propone un 4 nivel, que cada cabida a que utilicemos UML precisamente donde profundizar en los detalles de implementación dan un valor real a la arquitectura de software.

La idea es que muy pocas veces deberíamos llegar a este cuarto nivel, y que se reserve para aquella parte de la arquitectura central, que representa la esencia o la parte más compleja.

Dicho lo anterior, vamos a dar un vistazo a los diagramas más relevantes de UML para aplicarlos con C4:

Diagrama de clases

Como su nombre lo indica, el diagrama de clases se enfoca en representar las clases internar de un componente, de esta forma, una clase de representa como un rectángulo, con tres secciones: la sección superior contiene el nombre de la clase, la sección media contiene los atributos de la clase y la sección inferior contiene los métodos de la clase.

Usuario
- id: Long - username: String - email: String
+ getFullName() + getId() + getUsername() + getEmail + setId() + setUsername() + setEmail()

51 - Ejemplo de una clase dentro de un diagrama de clases

Podrás apreciar que tanto las propiedades como método tiene un símbolo +/-, esto en UML lo conocemos como los modificadores de acceso o visibilidad, esto indica el nivel de protección o encapsulamiento de los elementos, en este sentido, UML define los siguientes modificadores de acceso:

- **Public (+)**: los atributos y métodos públicos son accesibles desde cualquier clase del sistema. Se representan con un símbolo de suma (+) antes del nombre del atributo o método.

- **Private (-)**: los atributos y métodos privados solo son accesibles dentro de la misma clase. Se representan con un símbolo de guion (-) antes del nombre del atributo o método.

- **Protected (#)**: los atributos y métodos protegidos son accesibles dentro de la misma clase y sus subclases. Se representan con un símbolo de numeral (#) antes del nombre del atributo o método.

Además de las clases, un diagrama de clases también puede mostrar las relaciones entre ellas. Las relaciones más comunes que se pueden representar en un diagrama de clases de UML son:

- **Asociación**: la asociación representa una conexión entre dos clases. La asociación se puede representar con una línea que conecta dos clases, con un posible indicador de dirección y con un multiplicador que indica la cantidad de objetos que se asocian entre las dos clases.

- **Agregación**: la agregación representa una relación entre un objeto "todo" y un objeto "parte". El objeto "todo" puede estar compuesto por uno o varios objetos "parte", pero estos objetos pueden existir sin el objeto "todo". La agregación se puede representar mediante una línea que conecta el objeto "todo" y el objeto "parte", con un diamante en el extremo de la línea que apunta hacia el objeto "todo".

- **Composición**: la composición es similar a la agregación, pero con una diferencia clave: los objetos "parte" solo existen mientras el objeto "todo" existe. Si el objeto "todo" se destruye, los objetos "parte" también se destruyen. La composición se puede representar de la misma manera que la agregación, pero con una línea sólida en lugar de una línea punteada.

- **Herencia**: la herencia representa una relación entre una clase padre y una clase hija. La clase hija hereda todos los atributos y métodos de la clase padre, pero también puede tener sus propios atributos y métodos adicionales. La herencia se puede representar mediante una línea con una flecha sólida que apunta desde la clase hija a la clase padre.

- **Implementación**: la implementación representa una relación entre una interfaz y una clase que la implementa. La clase implementa los métodos definidos en la interfaz. La implementación se puede representar mediante una línea con un triángulo vacío en el extremo que apunta hacia la interfaz.

- **Dependencia**: la dependencia representa una relación entre dos clases en la que una clase depende de la otra para realizar alguna tarea, pero no hay una relación estructural entre ellas. La dependencia se puede representar mediante una línea punteada que conecta las dos clases, con una flecha que indica la dirección de la dependencia.

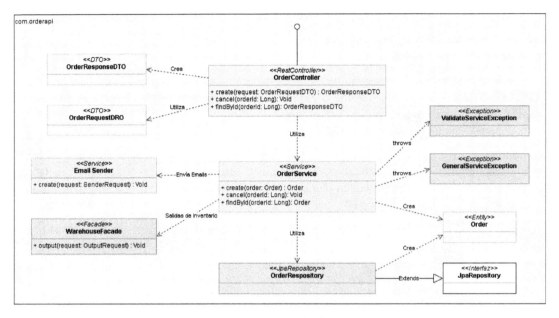

52 - Diagrama de clases

Diagrama de secuencia

El diagrama de secuencia es una herramienta de modelado que se utiliza para mostrar cómo los objetos de un sistema interactúan a lo largo del tiempo. En lugar de mostrar la estructura de un sistema, como lo hace el diagrama de clases, el diagrama de secuencia se centra en la interacción entre los objetos de un sistema.

Para hacer esto, el diagrama de secuencia representa cada objeto como una línea vertical, y los mensajes entre objetos como flechas horizontales que conectan estas líneas verticales. Cada objeto tiene una línea de vida que muestra su existencia en el tiempo. Los mensajes pueden llevar información en forma de parámetros, y la línea de activación muestra cuánto tiempo tarda un objeto en procesar un mensaje.

El diagrama de secuencia es útil para modelar el comportamiento dinámico de un sistema, lo que significa que es ideal para representar situaciones en las que los objetos de un sistema interactúan entre sí. Por ejemplo, el diagrama de secuencia es útil para modelar sistemas de control de procesos o sistemas que responden a eventos en tiempo real.

En general, el diagrama de secuencia es una herramienta de modelado muy útil que permite a los desarrolladores y diseñadores visualizar cómo los objetos de un sistema interactúan en el tiempo.

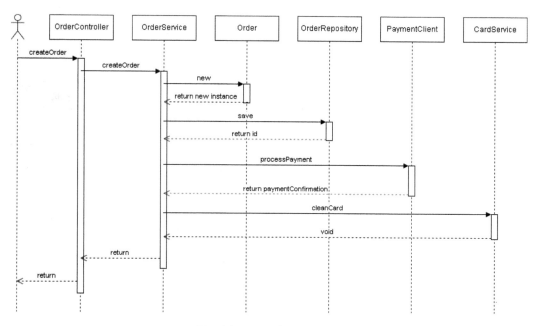

53 - Diagrama de secuencia.

Este diagrama se lee de izquierda a derecha y de arriba abajo, de esta forma, a medida que avanzamos a la derecha, aumenta el nivel de anidamiento de la ejecución o el número de objetos que intervienen. Por otro lado, a medida que bajamos, indica que el tiempo transcurre.

Diagrama de despliegue

El diagrama de despliegue es un tipo de diagrama de UML que representa la arquitectura física de un sistema, mostrando cómo los componentes de software se distribuyen en los nodos de hardware y cómo se comunican entre sí. Se utiliza para modelar la infraestructura necesaria para implementar el sistema y planificar el despliegue del mismo.

Básicamente, este diagrama es equivalente a un diagrama de despliegue de C4, por lo que queda a decisión de cada uno utilizar el diagrama de despliegue de UML o el de C4, al final, ambos cubren el mismo objetivo.

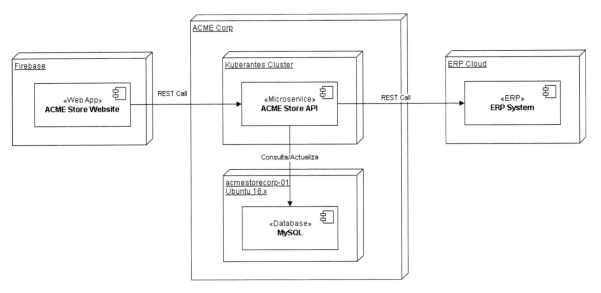

54 - Diagrama de despliegue de UML

Los elementos que podemos visualizar en este diagrama son:

- **Nodo**: representa un dispositivo de hardware o software en el que se ejecutan los componentes de software del sistema.

- **Artefacto**: representa una unidad física de información que se utiliza en el desarrollo, mantenimiento y operación del sistema, como archivos de configuración, scripts, documentos de diseño, etc.

- **Componente**: representa una unidad independiente de software que se ejecuta en un nodo y realiza una tarea específica, como una aplicación web o una base de datos.

- **Conexión**: representa una relación entre dos nodos que se comunican entre sí, como una conexión de red o una conexión de base de datos.

- **Asociación**: representa una relación entre un nodo y un artefacto o componente que se encuentra en él.

- **Dependencia**: representa una relación en la que un componente o artefacto depende de otro para su funcionamiento.

- **Estereotipo**: se utiliza para añadir información adicional a los elementos del diagrama, como indicar que un nodo es un servidor o que un componente es un servicio web.

Diagrama de interacción

Los diagramas de interacción representan la comunicación y la colaboración entre los objetos en términos de secuencias de mensajes. El objetivo principal de estos diagramas es mostrar cómo los objetos interactúan entre sí para lograr un objetivo en particular.

En un diagrama de interacción, los objetos se representan como cajas y las líneas que conectan las cajas, representan los mensajes que se envían entre ellos. Los mensajes se pueden etiquetar con información adicional, como los parámetros que se pasan con el mensaje.

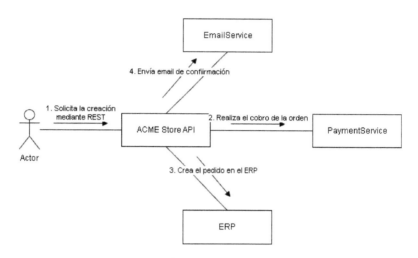

55 - Diagrama de interacción de UML.

Este diagrama se parece mucho al diagrama de secuencia, sin embargo, tiene algunas diferencias. El diagrama de interacción y el diagrama de secuencia son dos herramientas para representar la interacción entre los objetos en un sistema. La principal diferencia entre ambos es que el diagrama de interacción se enfoca en la interacción general entre los objetos, mientras que el diagrama de secuencia se enfoca en la secuencia específica de mensajes que se envían entre los objetos.

En el diagrama de interacción, los objetos se organizan horizontalmente y las líneas sólidas representan los mensajes que se envían entre ellos. En cambio, en el diagrama de secuencia, los objetos se organizan verticalmente y los mensajes se representan con flechas.

Conclusiones

Dado que UML es muy extenso, he decidido agregar solo los diagramas más representativos de UML a fin de poder utilizarlos más adelante en conjunto con C4, por lo que, si quieres aprender a profundidad sobre UML, te invito a buscar una referencia más amplia, como puede ser los libros:

- "UML Gota a Gota" de Jorge Sánchez. Este libro es una introducción práctica a UML con un enfoque en la comprensión de los conceptos fundamentales de la modelización de software.

- "UML 2 y Patrones de Diseño" de Craig Larman. Este libro presenta los principios fundamentales de UML 2 y cómo aplicar patrones de diseño en el análisis y diseño de sistemas orientados a objetos.

- "Introducción a UML" de Pascal Roques. Este libro es una introducción detallada y accesible a UML, con un enfoque en la comprensión de los conceptos básicos y las mejores prácticas de modelado.

- "UML para Programadores" de Bertrand Meyer. Este libro es una guía práctica y accesible para los programadores que desean aprender a utilizar UML para el análisis y diseño de sistemas de software.

Caso de estudio

Capítulo 5

Comprender los requerimientos es una de las partes más importantes al momento de diseñar una arquitectura, pues los requerimientos son la base sobre la gira todo. Los requerimientos plantean una problemática que requiere ser solucionada con software, por lo que, sin un requerimiento, es como trabajar sin un objetivo claro.

Los requerimientos se pueden presentar de muchas formas, desde un documento bastante elaborado, hasta un simple dibujo en una servilleta. Un requerimiento básicamente representa una problemática que requiere ser solucionada, y la claridad del requerimiento podrá variar según el tipo de proyecto. Por ejemplo, las empresas sumamente burocráticas te podrían presentar un documento muy elaborado de los objetivos que se buscan cumplir, el comportamiento esperado del sistema, y quizás hasta los criterios de aceptación. Otras empresas más relajadas quizás solo que expliquen el requerimiento en un correo o documento en unos cuantos párrafos con la esencial del problema. Pero hay otras empresas, sobre todas las más innovadores donde no se tiene un requerimiento claro, pues solo se tiene claro el objetivo que buscan resolver, pero no tiene idea de cómo alcanzarlo.

En este libro partiremos de un punto medio, que es lo más común en la industria, donde quizás te presentan un documento donde se explica la problemática principal y los objetivos que se buscan conseguir, pero con un detalle del proceso bastante escaso y una nula claridad técnica.

El proyecto ACME Store

ACME Store es una tienda de venta de productos geeks que ha estado creciendo mucho en los últimos años gracias a una base fiel de clientes que se interesan en sus productos y que no encuentran en otro lugar.

Inicialmente, ACME Store comenzó vendiendo sus productos en tiendas físicas, pero con el tiempo, sus clientes comenzaron a realiza pedidos por diferentes medios offline, como email, teléfono, whatsapp, etc. Dada la demanda, la junta directiva decidió que era momento de escalar el negocio para poder llevar su catálogo de productos geeks a todas las personas del mundo, así que idearon un plan para montar una tienda online con sus respectivas apps para Android y IOS, por lo que tras una larga deliberación han decidido comenzar el proyecto y te han enviado los requerimientos para tu análisis.

Requerimientos del proyecto ACME Store

La siguiente tabla muestra el requerimiento que ACME Corp nos ha enviado para su análisis.

Cliente	ACME Corp
Proyecto	ACME Store
Breve descripción del proyecto	Desarrollar un nuevo portal en donde los clientes puedan adquirir toda nuestra gama de productos por medio de internet, al mismo tiempo que habilitamos la versión móvil para que los clientes pueden realizar los pedidos desde la app.
Objetivos del proyecto	1. Habilitar un portal web desde el cual los clientes puedan realizar los pedidos por medio de internet. 2. Habilitar una versión móvil para que los usuarios puedes realizar sus pedidos por medio de la app. 3. Incrementar las ventas por medio de poner los productos a disposición de cualquier cliente en el mundo.
Requerimiento	
Dada la creciente demanda de nuestros productos, se ha tomado la decisión de incursionar en el mudo online, con lo que buscamos que clientes en todo el mundo pueda adquirir nuestros productos por medio de Internet o por medio de la aplicación móvil. La funcionalidad que se espera que cumpla tanto la aplicación web como la aplicación móvil es la siguiente:	

Registro (Signup)
La página web deberá contar con una página de registros, donde los clientes podrán crear una cuenta.

Alta de direcciones
Los clientes registrados tendrán la opción de guardar su dirección de entrega para poder facilitar el proceso de los pedidos a futuro.

Consulta del catálogo de productos
Los clientes deberán poder navegar entre los diferentes productos que tiene la compañía, los cual podrán ser filtrados por nombre o por categoría.

Carrito de compras
Todos los clientes contarán con un carrito de compras, en el cual podrán ir agregando los productos a medida que navegan por la tienda. Al mismo tiempo, el usuario podrá ir al carrito para eliminar o cambiar la cantidad de los productos.

Pagar
Una vez que los clientes están conformes con su pedido tal cual lo tiene en el carrito, podrán proceder a realizar el pago, por lo que el sistema les arrojará las opciones de pagar con su tarjeta de crédito.

Consultar el status de mi pedio
El usuario deberá contar con la opción de consultar todos los pedidos activos que tiene, así como el status del mismo.

Cancelar un pedido
Los usuarios tendrán la opción de cancelar los pedidos que aún no hayan sido enviados.

Arquitectura de referencia:

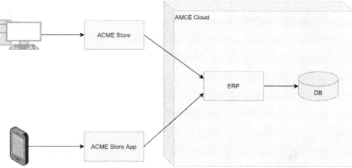

Consideraciones generales

El equipo de IT ha determinado que las tecnologías que se deberán utilizar son:

- Tienda online: Se deberá utilizar React como lenguaje base.
- Aplicación móvil: Se deberá usar Swift y ser un desarrollo 100% nativo
- API: El API que soporte tanto la aplicación web como la versión móvil deberán usar Spring boot.
- Base de datos: Se plantea utilizar MongoDB.

A la medida de lo posible, toda la comunicación deberá ser mediante servicios REST, también se deberá de diseñar los servicios para poder ser reutilizables.

ACME Corp cuenta con Apache Airflow para el procesamiento de datos, el cual podrá ser utilizado para la extracción de datos del ERP.

Si leíste detenidamente los requerimientos, te darás cuenta que es el cásico requerimiento que hace un cliente promedio, donde establece una serie de funcionalidades que espera que el sistema realice y una arquitectura bastante austera. Tanto los requerimientos como la arquitectura son tan vagos que apenas nos dan una idea de lo que hay que esperar del sistema, por lo que como buen arquitecto es necesario refinar los requerimientos, es decir, tenemos que analizarlos detenidamente y encontrar todo los que implica cada uno de los requerimientos, al mismo tiempo que es necesario formular una serie de preguntas que nuestro cliente deberá de contestar para comprender mejor el alcance real del proyecto.

Cuando hablamos de requerimientos, es importante resaltar que existen dos tipos de requerimientos, los requerimientos funcionales y los requerimientos NO funcionales. Los requerimientos funcionales son todos aquellos que el usuario expresa explícitamente y que hacen referencia a una funcionalidad concreta del sistema, por ejemplo, que el sistema haga esto, que el sistema haga el otro, que el sistema tenga esto, que el sistema muestre aquello.

Por otra parte, los requerimientos no funcionales son todos aquellos requerimientos implícitos que por lo general no son solicitados por el usuario y que van más allá de la funcionalidad, como la seguridad, la escalabilidad, la testabilidad, el performance, etc.

Nuevo concepto: Requerimientos funcionales
Son todos aquellos requerimientos que el usuario expresa explícitamente y que hacen referencia a una funcionalidad concreta del sistema.

Nuevo concepto: Requerimientos NO funcionales
los requerimientos no funcionales son todos aquellos requerimientos implícitos que por lo general no son solicitados por el usuario que van más allá de la funcionalidad, como la seguridad, la escalabilidad, la testabilidad, el performance, etc.

En la fase de refinamiento de requerimientos es necesario refinar y aclarar todas las dudas que se tengan sobre los requerimientos funcionales, pero al mismo tiempo, hay que detectar los requerimientos no funcionales.

Según el tipo de proyecto que tengamos, será la forma en que plasmemos los requerimientos para su refinamiento, por ejemplo, en proyectos tradicionales, es común utilizar el formato de "**casos de uso descriptivo**", mientras que un proyecto ágil es común utilizar las "**historias de usuario**".

Tanto el documento de casos de uso descriptivo como las historias de usuario son documentos muy parecidos, ya que describen una funcionalidad y el resultado esperado, sin embargo, hay una pequeña diferencia en los tiempos en los que se refinan los requerimientos. En un proyecto tradicional se suele utilizar el formato de casos de uso descriptivo y los requerimientos se suelen refinar lo antes posible, de tal forma que ya estén listo para cuando la fase de construcción comienza. En un proyecto ágil, es más utilizado el formato de "**historias de usuario**" y estas no se refinan al mismo tiempo, sino que se van refinando al comienzo de cada Sprint.

➢ Podrás encontrar el template de casos de uso descriptivo en el repositorio del libro: https://github.com/oscarjb1/book-documentacion-agil-de-arquitectura-software/tree/master/templates/descriptor-use-cases

➢ Podrás encontrar el template de historia de usuario en el repositorio del libro: https://github.com/oscarjb1/book-documentacion-agil-de-arquitectura-software/tree/master/templates/user-story

Ya sea que utilicemos un enfoque ágil o tradicional, siempre habrá requerimientos que tengan un impacto sobre la arquitectura. Estos requerimientos los conocemos como "**Requerimientos arquitectónicamente relevantes**".

Nuevo concepto: Requerimientos arquitectónicamente relevantes
Los requerimientos arquitectónicamente relevantes son todos aquellos requerimientos funcionales y no funcionales que pueden tener un impacto sobre la arquitectura.

Hasta hace poco, se pensaba que solo los requerimientos no funcionales podían tener un impacto sobre la arquitectura, sin embargo, se ha demostrado que existen ciertos requerimientos funcionales que también pueden tener un impacto directo sobre la arquitectura, es por ello que, como arquitectos de software el termino de **requerimientos arquitectónicamente relevantes** es un concepto sumamente importante, y quizás sea uno de los términos más importantes que debas recordar.

Analizando los requerimientos arquitectónicamente relevantes

Una de las duda más frecuentes al momento de diseñar una arquitectura en un proyecto ágil es que, los requerimientos no están lo suficientemente detallados como para hacer una análisis completo, sin embargo, como arquitectos de software debemos ser lo suficientemente astutos como para prever los diferentes componentes que pueden estar en juego dentro del sistema, de la misma forma, deberemos analizar todas aquellas limitaciones que se podrían presentar, cómo tecnologías, comunicación, seguridad, escalabilidad, etc. Por este motivo, uno como arquitecto debe de poder al menos crear una arquitectura de alto nivel.

Para llegar a esta arquitectura de alto nivel es necesario analizar detalladamente los requerimientos del usuario y tratar de obtener la mayor cantidad de información, así como hacer todas aquellas preguntas claves que es conveniente realizar previo al inicio de los Sprints, por tal motivo, dedicaremos esta sección para analizar los requerimientos y tratar de generar un borrador de nuestra arquitectura.

Lo primero es cuestionar los requerimientos para descubrir todos aquellos aspectos que podrían ser relevantes para nuestra arquitectura y que no son claros en el requerimiento, así que plantearemos algunas preguntas y simularemos que el cliente nos las responde.

Requerimiento
Registro (Signup): La página web deberá contar con una página de registros, donde los clientes podrán crear una cuenta.
Preguntas

- ¿Qué datos se deberán solicitar al usuario para crear una cuenta nueva?
- **Respuesta:** nombres, apellidos, email y contraseña
- ¿Es necesario tener login social con Google o Facebook?
- **Respuesta:** Era algo que no teníamos contemplado, pero ahora que lo mencionas, si, habría que considerar Facebook y Google.
- ¿Cualquier persona puede crear una cuenta, o hay algún tipo de restricción por domino del correo o la ubicación geográfica del usuario?
- **Respuesta:** Ninguna restricción, cualquier persona puede crear una cuenta, aunque el correo deberá ser único.
- ¿Será necesario enviar un correo de confirmación para activar la cuenta?
- **Respuesta:** Si, todas las cuentas deberán ser confirmadas mediante un correo electrónicos, exceptos los usuarios que se autentiquen mediante social login (Facebook Google).

- ¿Existe algún módulo o proveedor que estén usando para los envíos de correo?

- ○ **Respuesta**: Si, usamos Mailchimp para los envíos de correo, pero no tenemos un módulo o servicio que encapsule esa lógica.

- ¿Es necesario que los clientes creados sean registrados en listas de correo para Email Marketing?

- ○ No lo habíamos considerado, pero si, será necesario darlos de alta en listas de correo del mismo Mailchimp.

Requerimientos arquitectónicamente relevantes detectados

- Se está solicitando autenticación mediante Facebook y Google.

- Es necesario enviar correo para activar la cuenta.

- Hay que integrar los envíos de email con Mailchimp para los envíos de correo.

- Es necesario registrar los nuevos usuarios en listas de correos de Mailchimp.

Requerimiento

Alta de direcciones: Los clientes registrados tendrán la opción de guardar su dirección de entrega para poder facilitar el proceso de los pedidos a futuro.

Preguntas

- ¿Qué datos deberán solicitar al usuario para crea una nueva dirección?

- ○ **Respuesta**: País, CP, calle, colonia, ciudad, estado

- ¿Existe un límite en cuanto al número de direcciones que puede crear un usuario?

- ○ **Respuesta**: No, los usuarios pueden crear cuantas direcciones requieran.

- ¿Es necesario realizar validaciones especiales sobre la dirección, como comprobar que el código postal sea correcto, o pre-cargar las colonias según el CP, etc.?

- ○ **Respuesta**: El país deberá ser del catálogo predefinido, cuando se capture el código postal se deberá llamar un servicio para recuperar las colonias.

Requerimientos arquitectónicamente relevantes detectados

- Existe un catálogo de países que es necesario integrar.

- Hay que utilizar el servicio de códigos postales para validar los códigos postales y obtener las colonias asociadas.

Consulta del catálogo de productos: Los clientes deberán poder navegar entre los diferentes productos que tiene la compañía, los cual podrán ser filtrados por nombre o por categoría.

- ¿Los productos deberán ser registrados en la página web o se obtiene de algún otro sistema?

○ **Respuesta**: Los productos se registran desde el ERP de la compañía.

- ¿Los productos deberán ser consultados en tiempo real desde el ERP o habrá un proceso de sincronización?

○ **Respuesta**: Será necesario ejecutar un proceso nocturno que actualice todos los productos del ERP hacia el Ecommerce. Con la finalidad de no sobrecargar con request al ERP.

- ¿La extracción de los productos y existencia del ERP hacia el Ecommerce es algo que construiremos nosotros o será responsabilidad de ACME Inc?

○ **Respuesta**: Si, su desarrollo debe considerarse como parte del proyecto.

- ¿Qué pasaría en caso de que por alguna razón el proceso de sincronización nocturno entre el ERP y el Ecommece fallara?

○ **Respuesta**: Lógicamente se tendría que hacer lo necesario para mitigar al máximo que eso sucediera, ya que sería un proceso crítico, pero en tal caso de que sucediera, se tendría que poder ejecutar a demanda una vez que el problema se solucione, mientras tanto, el listado de productos en el ecommerce estará desactualizado vs el ERP.

- ¿Cuántos productos se tiene hoy en día, y cuantos nuevos productos se dan alta en promedio al mes?

○ **Respuesta**: Actualmente existen 10,000 productos activos, y damos de alta unos 100 nuevos productos cada mes. Pero también damos de baja unos 60 en ese mismo periodo.

- Es necesario desarrollar un proceso de sincronización de productos entre el ERP y el Ecommerce, el cual se ejecutará una vez por la noche con la posibilidad se ejecutado manualmente en cualquier momento.

- Actualmente existen 10,000 productos, con un crecimiento semanal del 100 productos nuevos y 60 bajas. El índice de crecimiento de la base de datos de productos ronda el 1% mensual.

Carrito de compras: Todos los clientes contarán con un carrito de compras, en el cual podrán ir agregando los productos a medida que navegan por la tienda. Al mismo tiempo, el usuario podrá ir al carrito para eliminar o cambiar la cantidad de los productos.

Preguntas

- ¿Es posible que usuarios no registrados puedan agregar productos al carrito?

- **Respuesta:** Si, deberían de poder ir agregando productos al carro y una vez que creen una cuenta, migrar esos productos a su carrito de compra del cliente creado.

- ¿Qué pasa con aquellos productos que quedan mucho tiempo en el carrito de compra y que suben de precio o que se quedan sin existencia?

- **Respuesta:** El proceso de sincronización nocturno de productos debería de comprobar los carritos activos y eliminar los productos no disponibles, así como actualizar el precio de los productos que allá cambiado de precios.

- **Respuesta:** El carrito de compra deberá reflejar estos cambios cuando el cliente regrese a su carrito de compras.

- ¿Existe limitación respecto a la cantidad que puede agregar de cada producto?

- **Respuesta:** No, el cliente puede comprar cuantas unidades quiera, siempre y cuando exista inventario disponible.

-

Requerimientos arquitectónicamente relevantes detectados

- El proceso de sincronización nocturno deberá contemplar la actualización de los carritos de compra para reflejar los cambios de precios o eliminar aquellos productos que ya no están más disponibles para su compra.

Requerimiento

Pagar: Una vez que los clientes están conformes con su pedido tal cual lo tiene en el carrito, podrán proceder a realizar el pago, por lo que el sistema les arrojará las opciones de pagar con su tarjeta de crédito.

Preguntas

- ¿Es posible proceder con la compra cuando el cliente no está autenticado en la página?

- **Respuesta:** No, para proceder con el pago es necesario crear una cuenta.

- ¿Qué pasarela de pagos se utilizar para realizar los cobros?

- **Respuesta:** Estamos pensando en utilizar Stripe para cobros de tarjeta de crédito o débito, pero también es importante contar con Paypal.

- ¿Cómo se determinará el costo de envío?

- o   Todos los pedidos nacionales con importe superior a 100usd tendrán envío gratis
- o   En caso de no aplicar para envío gratis, se deberá utilizar los servicios de Fedex para cotizar el envío y agregar el costo al total de la orden.
- •   ¿Qué pasa con aquellos códigos postales donde la paquetería no hace envíos?
- o   Se tendrá que notificar al cliente antes de realizar el cobro y solicitar que ponga una dirección de envío diferente.
- o   La orden no deberá poder ser procesada.

Requerimientos arquitectónicamente relevantes detectados

- •   El proceso de sincronización nocturno deberá contemplar la actualización de los carritos de compra para reflejar los cambios de precios o eliminar aquellos productos que ya no están más disponibles para su compra.
- •   Se deberá considerar la integración con Stripe y PayPal para procesar los pagos.
- •   Es necesario integrar el API de Fedex para calcular la tarifa de envío.

Consultar el status de mi pedio

Requerimiento

Consultar el status de mi pedio: El usuario deberá contar con la opción de consultar todos los pedidos activos que tiene, así como el status del mismo.

Preguntas

- •   ¿Qué información deberá mostrar la página del status del pedido?
- o   **Respuesta**: Se espera que muestre la fecha de compra, productos comprados (nombre, SKU, cantidad, precio), status del pedido (en proceso, enviado, entregado), fecha estimada de entrega, total del pedido, datos del seguimiento del envío (paquetería y número de guía).
- •   ¿La fecha estimada de entrega deberá ser consultada media el API de Fedex?
- o   **Respuesta**: Si, será necesario consultar el API de Fedex para obtener la fecha actualizada de entrega.

Requerimientos arquitectónicamente relevantes detectados

- •   Es necesario integrar el API de Fedex para consultar la fecha estimada de entrega del pedido.

Cancelar un pedido

Cancelar un pedido: Los usuarios tendrán la opción de cancelar los pedidos que aún no hayan sido enviados.

- ¿Es posible cancelar cualquier pedido?

○ **Respuesta**: NO, solo se podrá cancelar los pedidos que se encuentre en status "en proceso". En tal caso se deberá realizar el reembolso a la misma tarjeta de la compra y la existencia de los productos deberá ser actualizada para reflejar la disponibilidad de los productos cancelados.

○ **Respuesta**: Se deberá enviar un email al cliente con la confirmación del pedido.

- ¿En caso de cancelación es necesario actualizar las existencias en el ERP?

○ **Respuesta**: Si, se deberá utilizar el API del ERP para actualizar las existencias, pero al mismo tiempo, deberá actualizar la existencia en la copia del ecommerce.

- Es necesario enviar un email para confirmar la cancelación del pedido.
- Es necesario integrar el API de Stripe/PayPal para realizar la devolución en caso de una cancelación.
- Es necesario utilizar el API del ERP para actualizar el inventario.

Diagramas de contexto del sistema (Nivel 1)

Una vez que hemos analizados un poco más los requerimientos, hemos descubierto que la aplicación no era tan simple como el cliente nos la contó, y en su lugar, nos hemos encontrado con que para que la aplicación de ecommerce funcione, requiere de varias integraciones, como es el caso de las pasarelas de pago (PayPal, Stripe), el proveedor de paquetería (Fedex), envío de correos electrónicos con MailChimp, la integración y extracción de datos del ERP, etc.

Entonces, ya que tenemos más claro los actores que juegan en nuestra arquitectura, podemos comenzar a crear nuestro diagrama de contexto del sistema, donde vamos a representar a muy alto nivel todos los sistemas (internos y externos), así como los actores involucrados. Dada la información recopilada, podrías crear un diagrama con el siguiente:

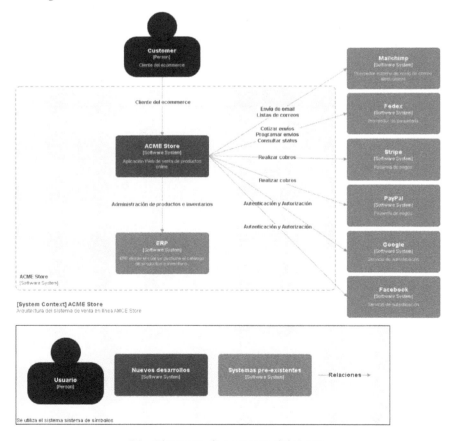

56 - Diagrama de contexto del sistema

➢ Este diagrama lo podrás encontrar en la carpeta
/driagramas/ecommerce/arquitectando/system-context-acmestore.drawio del
repositorio de GIT.

Diagrama de contexto de sistema de ACME Store

Podrás observar que el diagrama de contexto del sistema, solo ACME Store es representado a color, esto debido a que el diagrama está centrado en este componente, por lo que el resto de sistemas son en realidad dependencias que este requiere para funcionar. Otro aspecto relevante es que existe sistemas dentro y fuera del límite o bundle, lo que indica que los sistemas dentro del límite son sistemas internos de la compañía, mientras que el resto de sistema, son aplicaciones de terceros.

Dicho lo anterior, recordarás que ACME Store es en realidad una aplicación web, con su respectiva aplicación para IOS, sin embargo, a fines de practicidad, estos tres elementos se han representado como un sistema único que más adelante cuando lleguemos al diagrama de contenedores, exploraremos los diferentes elementos que lo componen.

La arquitectura que acabamos de diagramar cumple con todos los aspectos que el cliente nos ha mencionado, sin embargo, como arquitectos de software experimentados que somos, nos damos cuenta que existen todavía puntos de mejora en esta arquitectura, por ejemplo:

- El cliente actualmente utiliza Mailchimp para el envío de correo, sin embargo, crear una dependencia directa entre ACME Store y Mailchimp ocasiona que tengamos un alto acoplamiento con este proveedor de terceros, el cual podría cambiar en cualquier momento tu API, lo que rompería el funcionamiento de ACME Store, por otro lado, tener un alto acoplamiento con proveedores de terceros nunca es una buena idea, por que dificulta cambiar de proveedor en el futuro, por ejemplo, si el día de mañana el cliente quiere dejar de usar Mailchimp y cambiar a Sendgrid, tendremos que ajustar la aplicación de ACME Store, compilar y desplegar una nueva versión.

- El sistema requiere de social login con Facebook y Google, sin embargo, implementar esta funcionalidad directamente en ACME Store no tiene mucho sentido, sobre todo si existen soluciones pre-construidas como Keycloak, un proyecto OpenSource que permite la autenticación mediante OAuth2 y se integra fácilmente con Facebook y Google, incluso con muchos proveedores más.

- El cliente menciona que podrá realizar el cobro mediante Stripe y PayPal, por lo que se podrá crear un componente adicional y reutilizable que permita realizar el cobro, e incluso que permite adicionar más adelante nuevas pasarelas de pago.

Nuevo concepto: Keycloak

Keycloak es un software de código abierto que proporciona servicios de autenticación y autorización para aplicaciones web y móviles. Fue desarrollado por Red Hat y ofrece una amplia gama de características de seguridad, como la gestión de usuarios, la autenticación de usuarios mediante diversos métodos, el acceso basado en roles y permisos, la integración con proveedores de identidad externos y la protección de APIs mediante el uso de tokens JWT.

https://www.keycloak.org/

Dicho lo anterior, podríamos refactorizar nuestro diagrama de arquitectura para dejarlo de la siguiente forma:

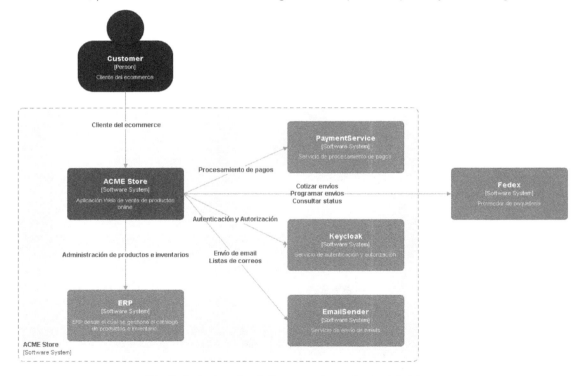

57 - Refactorizando el diagrama de contexto del sistema

> Este diagrama lo podrás encontrar en la carpeta */driagramas/ecommerce/arquitectando/system-context-acmestore-v2.drawio* del repositorio de GIT.

En este nuevo rediseño de la aplicación, hemos creado 3 nuevos sistemas que permitirán gestionar los pagos, la autenticación y autorización y el envío de emails. Nota también que, al tratarse del diagrama de ACME Store, no nos interesan las dependencias de *PaymentService*, *Keycloak* y *EmailSender*, pues dichas dependencias se analizaran en el diagrama de contexto del sistema de cada uno de estos sistemas.

Otro aspecto importante a resaltar es que, estos nuevos sistemas que hemos agregado, quedan dentro del límite de ACME Store, pues se tratan de sistemas administrados por la compañía. Por otro lado, PaymentService, EmailSender y Keycloak podrían haber sido un contenedor (nivel 2) dentro del sistema de ACME Store, sin embargo, al graficarlos fuera de este, estamos asumiendo que estamos construyendo sistemas reutilizables, que pueden ser aprovechados por toda la compañía, para este u otros proyectos. En este sentido, si el día de mañana otra aplicación requiere mandar un email, puede hacer uso del sistema de MailSender, o si requiere procesar algún pago, puede usar el servicio de PaymentService, o incluso, si requieren autenticación y autorización con OAuth2 y OpenID Connect, pueden hacer uso de Keycloak.

En el caso de este diagrama, no es necesario representar a ningún usuario, debido a que los usuarios no interactúan directamente con esta aplicación

Diagrama de contexto de sistema de PaymentService

Haber separado la aplicación en componente reutilizables, hace que PaymentService se convierta en un sistema independiente, lo que amerita que tenga su propio diagrama de contexto del sistema:

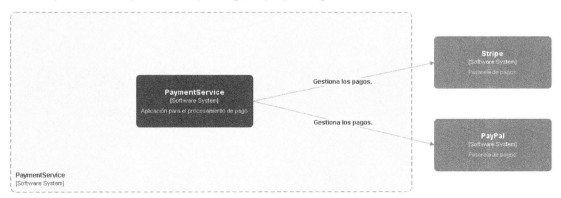

58 - Diagrama de contexto del sistema de PaymentService.

➢ Este diagrama lo podrás encontrar en la carpeta **/driagramas/ecommerce/arquitectando/ system-context-paymentservice.drawio** del repositorio de GIT.

En este nuevo diagrama de contexto de sistema, el protagonista ya no es ACME Store, si no PaymentService, es por este motivo que ahora se representan las dependencias que tiene PaymentService, del mismo modo, ACME Store ya no se reflejado en este diagrama, pues PaymentService no tiene ninguna dependencia con este.

La idea de este diagrama es que, si el día de mañana se agrega un nuevo proveedor de pagos, solo lo agregamos en este diagrama, pero el diagrama de contexto de sistema de ACME Store ya no se afectado, pues este abstrae las dependencias de PaymentService.

En el caso de este diagrama, no es necesario representar a ningún usuario, debido a que los usuarios no interactúan directamente con esta aplicación

Diagrama de contexto de sistema de MailService

El modelo C4 es muy flexible respecto a la profundidad a la que queremos llegar, en este sentido, hay sistemas muy triviales que en ocasiones no vale la pena profundizar, en este sentido, se podría cuestionar si vale la pena crear un diagrama de contexto de sistema de MailService, es este caso, hemos decidido agregarlo para darle continuidad a todo el sistema que y sirve como ejemplo, por lo que si en algún proyecto te encuentras con algún sistema, contenedor o componente que crees que no vale la pena profundizar, es totalmente válido.

59 - Diagrama de contexto del sistema de MailService.

➢ Este diagrama lo podrás encontrar en la carpeta */driagramas/ecommerce/arquitectando/*
system-context-mailservice.drawio del repositorio de GIT.

Separar el servicio de envío de email como un sistema independiente permite desacoplar ACME Store de un proveedor de emails en concreto, y de esta forma, si el día de mañana decidimos trabajar con otro proveedor de email marketing, simplemente afectamos este componente sin tener un impacto sobre el sistema ACME Store, así como en sus diagramas.

Diagrama de contexto de sistema de Keycloak

Como lo comentamos al inicio de esta sección, es posible integrar cada aplicación directamente con Facebook y Google para la autenticación, sin embargo, puede ser un desarrollo repetitivo que tendremos que replicar en todos los componentes que requieran autenticación, es por ello que hemos decidido implementar Keycloak, con la intención de que sea este el encargado de gestionar la autenticación y autorización.

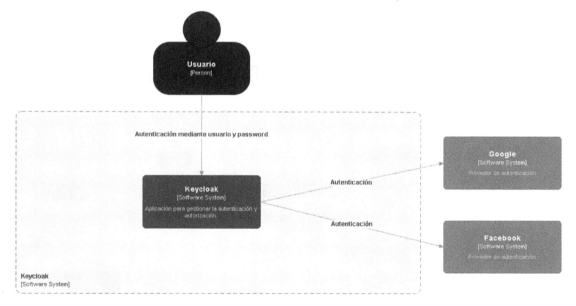

60 - Diagrama de contexto del sistema de Keycloak

➢ Puedes encontrar este diagrama en el repositorio del libro en la siguiente ruta: */driagramas/ecommerce/arquitectando/system-context-keycloak.drawio*

Cuando utilizamos un sistema de SSO como es keycloak, el usuario es direccionado a una página de autenticación proporcionada por Keycloak, es por esto que tenemos una relación directa entre el usuario y Keycloak.

Otras de las ventajas de usar Keycloak en lugar conectar las aplicaciones directamente a Google o Facebook, es que en el futuro podríamos agregar nuevos proveedores de autenticación de forma simple y sin afectar al resto de componentes. Por otro lado, mediante Keycloak podrías implementar un control de accesos por medio de roles o Role-Based Access Control (RBAC).

Resumen diagramas de contexto de sistema

En este punto podremos observar que ya contamos con un diagrama de contexto de sistema para cada uno de los sistemas relevantes.

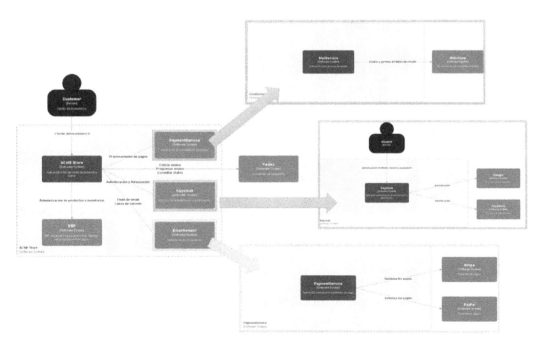

61 - Diagramas de contexto del sistema

El propósito de tener un diagrama de sistema de cada uno de los sistemas principales es que proporciona una vista un punto de vista enfocado en el sistema de nuestro interés. Por ejemplo, si queremos entender cómo funciona ACME Store, podemos abrir su diagrama de sistema y entender los componentes con los que este se relaciona, pero al mismo tiempo, omitimos cierta información que no es relevante para analizar el sistema.

Tener vista separadas de cada sistema es importante, porque evita saturar el diagrama que no aportan valor desde el punto de vista de un sistema determinado, por ejemplo, sabemos que ACME Store envía correos electrónicos, pero no es necesario saber que los envía por Mailchimp o cualquier otro proveedor, o si usamos uno o más proveedores para el envío, desde el punto de vista de ACME Store, solo nos interesa que existe un sistema que se encarga de eso y si llegara el momento en que nos interesara saber el detalle de cómo funciona el sistema de EmailService, pues simplemente abrimos su diagrama de sistema.

Importante
Una de las ventajas de C4 es que no siempre todos los diagramas son requeridos, por ejemplo, los diagramas de contexto del sistema de *PaymentService*, *MailService* y *Keycloak* podrían a ver sido omitido, ya que nos estamos enfocando en la aplicación ACME Store, sin embargo, hemos decidido comentar todo para que sirve de ejemplo para nuestros lectores.

Diagramas de contenedores (Nivel 2)

Como lo hemos mencionado ya en varias ocasiones, el Modelo C4 permite profundizar con respecto al detalle de implementación de los diferentes elementos de la arquitectura, pero al mismo tiempo, queda a nuestro criterio, hasta que nivel de detalle debemos llegar o hasta que nivel de detalle hace realmente sentido o aporta un valor real.

En este sentido, intentar profundizar absolutamente en todos los elementos de la arquitectura puede llegar a ser un error, ya que nos tomaría mucho tiempo sin aportar un valor real al equipo de desarrollo. En este sentido, podemos descartar todos los sistemas externos, ya que son provistos por terceros y realmente no conocemos como están implementados por dentro, del mismo modo, podríamos descartar todos aquellos sistemas que son parte de nuestra infraestructura pero que son desarrollos de terceros, como es el caso de Keycloak o el ERP.

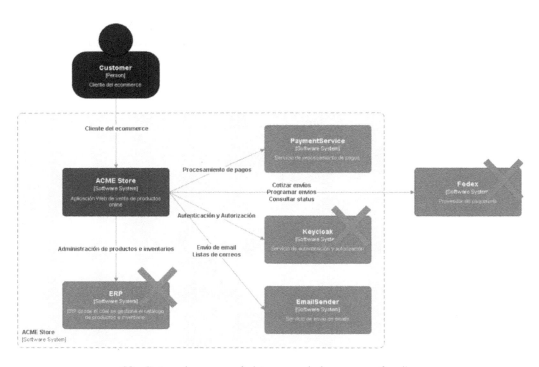

62 - Determinar en qué sistemas vale la pena profundizar.

Una vez que tenemos claro en donde enfocar nuestros esfuerzos, podemos proceder con la creación de los diagramas de contenedores. El diagrama de contenedores está posicionado en el nivel 2 del modelo C4, contando con un poco más de detalle que el diagrama de contexto del sistema. Sin embargo, este diagrama continúa siendo de alto nivel al centrarse únicamente en las piezas de software ejecutables, cómo se distribuyen, sus responsabilidades, cómo se comunican y las tecnologías utilizadas. Este diagrama es como si hiciéramos zoom al *sistema de software* que modelamos en el diagrama de *contexto de sistema* para analizar su estructura interna.

Solo para aclarar más las cosas, si una unidad de código no es ejecutable, no se puede considerar como un contenedor, por ejemplo, una librería DLL o un archivo JAR (no ejecutable) o un módulo que se instala sobre una aplicación.

Diagrama de contenedor de ACME Store

Si bien, desde el punto de vista del diagrama de contexto del sistema, la aplicación ACME Store es solo una caja, en el diagrama de contenedores nos daremos cuenta que en realidad ACME Store es un serie de contenedore que en su conjunto crean el sistema ACME Store.

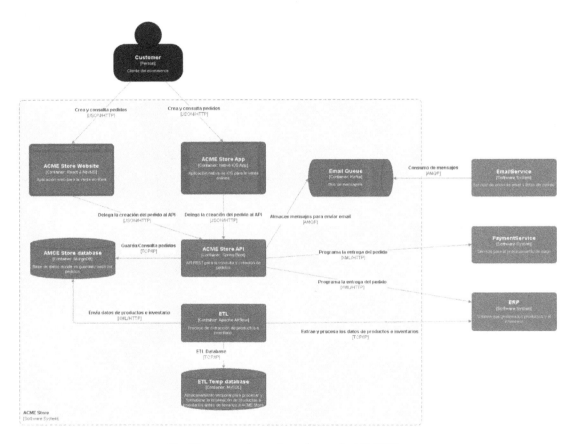

63 - Diagrama de contenedores de ACME Store.

➢ Puedes encontrar este diagrama en el repositorio del libro en la siguiente ruta: /driagramas/ecommerce/arquitectando/containers-acmestore.drawio

En este diagrama ya podemos observar que ACME Store no se trata de solo una aplicación web y una aplicación para IOS, por el contrario, para que toda la aplicación funcione requiere de los siguientes contenedores:

- **ACME Store Website**: Aplicación web desarrollada en React que muestra la tienda cuando es accedida desde el navegador. La aplicación web estará desarrollada en React y NodeJS.
- **ACME Store App**: Esta es la versión de la tienda online para dispositivos con IOS. Se trata de un desarrollo nativo en Swift.
- **ACME Store API**: API que contiene todos los servicios de negocio para dar vida a la aplicación web y la versión nativa para IOS. Esta desarrollada en Spring boot y expone un API de tipo REST.
- **ACME Store Database**: Base de datos de tipo MongoDB donde se almacena toda la información de la tienda, como usuario, productos, pedidos, existencias, caritos de compra, etc.
- **Email Queue**: Se trata de una cola de mensajes administrada desde Kafka donde se almacenan los mensajes para los envíos de correos electrónicos. Si bien, Kafka no es parte netamente de la aplicación, la queue sí, es por ese motivo que solo representamos la queue, pero indicamos que es tecnología Kafka.
- **ETL**: Este es un proceso en Apache Airflow que se ejecuta todas las noches para extraer el catálogo de productos del ERP y las existencias, luego las transforma para adaptarlas al formato esperado por la base de datos en MongoDB.
- **ETL Temp Database**: Base de datos en MySQL que es utilizada por el ETL para almacenar temporalmente la información del ERP y transformarla.

Explicando un poco la arquitectura que hemos plasmado en el diagrama anterior, podemos interpretarla de la siguiente manera:

ACME Store es un ecommerce que se puede ser accedida mediante dos canales, una aplicación web que puede ser renderizada en cualquier navegador moderno, ya sea un PC, laptop o smartphone, mientras que, por otro lado, también cuenta con una aplicación nativa para IOS con la finalidad de brindar una mejor experiencia que mediante el uso de la versión web.

Tanto la aplicación web como móvil delegan la lógica de negocio a un servicio de backend llamado ACME Store API, el cual se trata de un desarrollo en Spring boot que expone una serie de servicios (endpoints) que ambas aplicaciones pueden acceder. Esta API tiene a su vez, una base de datos MongoDB en donde almacena toda la información del sistema, como usuarios, pedidos, productos, etc.

Dado que los productos y el control de inventario se controlan desde el ERP, es necesario implementar un mecanismo para acceder a dicha información, sin embargo, consultar los productos e inventario en tiempo real no es opción aceptable, ya que podría tener un impacto significativo en el performance del ERP, por lo que se ha tomado la decisión de replicar esta información a la base de datos del API del ecommerce, para lograr este objetivo, se utilizará Airflow, una tecnología Open Source para el procesamiento de datos, el cual tomará los productos e inventarios del ERP pro las noches y mediante cierta lógica de transformación y carga de datos, dejará los producto y sus existencias en la base de datos de MongoDB. El proceso ETL tiene una base de datos MySQL que utilizará para realizar la carga inicial de la data y transformarla a un formato válido para el API.

Finalmente, nos apoyamos de Kafka para la comunicación asíncrona mediante colas de mensajes, como es el caso del envío de correos electrónicos.

En este punto la arquitectura ya comienza a tener un poco de más detalle, pues ya se aprecian las unidades de software ejecutables que participarán en la arquitectura, sin embargo, este detalle puede que aun sea demasiado simple y general para implementar los componentes más complejos, por lo que tendremos que profundizar aún más en los componentes que creamos que dará valor a equipo de desarrollo. Vamos a continuar con el diagrama de componentes más adelante por ahora continuaremos analizando el resto de contenedores.

Diagrama de contenedor de EmailService

La primera impresión que se nos puede llegar a la mente cuando vemos un microservicio, solo para enviar emails, es la de por qué no integrar esta funcionalidad dentro del sistema ACME Store y con esto, simplificar la arquitectura y no tener otro sistema más que administrar. Sin embargo, EmailService fue diseñado para ser reutilizable y que sirva como un componente que pueda ser utilizado por más aplicaciones en el futuro.

Dicho lo anterior, EmailService es un microservicio que no se invoca como un servicio REST, en su lugar, esta recibe las peticiones por medio de mensajes atrevas de la queue *Q_EMAIL* de Kafka. De esta forma, el microservicio garantiza que todas las solicitudes sean atendidas, incluso si el servicio no está disponible.

Podríamos discutir si es mejor usar dos queue para procesar los emails y las listas de correo, pero ahora mismo, por simplicidad, hemos agregado una sola y por medio de un cambio *type* podremos identificar qué tipo de mensajes es para darle el correcto tratamiento.

Finalmente, contamos una base de datos donde podremos guardar la configuración para conectarnos a Mailchimp, y los metadatos necesarios para trabajar con las listas de correos.

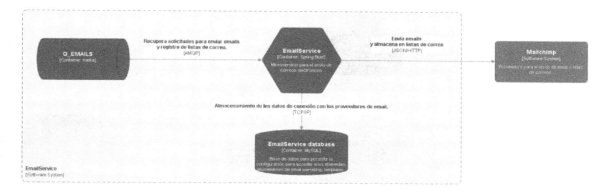

64 - Diagrama de contenedores de EmailService

> Este diagrama lo podrás encontrar en la carpeta
> */driagramas/ecommerce/arquitectando/containers-mailservice.drawio* del
> repositorio de GIT.

Tener la funcionalidad de envío de email como un microservicio es para desacoplamos las dependencias de los proveedores de email (como es el caso de mailchimp) de los consumidores, permitiendo reemplazar al proveedor sin que los consumidores se den cuenta, por otra parte, el uso de una Queue para comunicarnos con EmailService es que nos permite desacoplados de este servicio de los consumidores.

Diagrama de contenedor de Keycloak

Keycloak es la aplicación que utilizaremos para la autenticación y autorización. Este producto tiene la opción de ejecutarse mediante una base de datos integrada o utilizar una base de datos externa, sin embargo, para ambientes productivos siempre se recomienda usar una base de datos externa, por lo que seguiremos las recomendaciones.

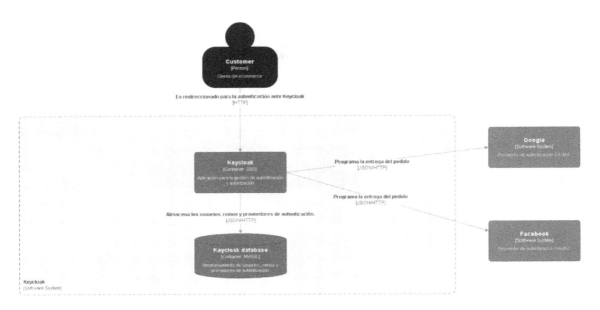

65 - Diagrama de contenedores de Keycloak.

> Este diagrama lo podrás encontrar en la carpeta
> */driagramas/ecommerce/arquitectando/containers-keycloak.drawio* del repositorio
> de GIT.

En el caso de Keycloak no hay mucho más detalle que mostrar, pues al ser un producto de terceros, alojado en nuestra infraestructura, solo agregamos las dependencias que tiene a fin de tenerlas identificadas, pero ya no podríamos profundizar más en ninguno de estos componentes, por este motivo, ya no veríamos un diagrama de contenedores (Nivel 3).

Diagrama de contenedor de PaymentService

Como ya lo comentamos, el servicio de PaymentService tiene como finalidad el procesamiento de pagos, para estos, usa el API proporcionada por Stripe y Paypal. Agregamos una base de datos MongoDB para guardar los logs de las transacciones a fin de poder auditar cualquier pago.

La base de datos de MongoDB aplica bien en estos casos, ya que la respuesta o errores que nos arrojan los proveedores de pagos puede barría en estructura según el proveedor y MongoDB nos permite guardar documentos no estructurados.

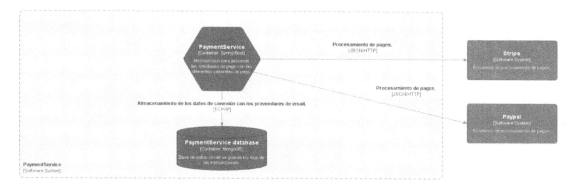

66 - Diagrama de contenedores de PaymentService

➤ Este diagrama lo podrás encontrar en la carpeta
/driagramas/ecommerce/arquitectando/containers-PaymentService.drawio del
repositorio de GIT.

Resumen diagrama de contenedores

En este punto ya tenemos un poco más de detalle de nuestra arquitectura sin llegar a un nivel técnico, lo que quiere decir que son diagramas que todavía podríamos mostrar en una reunión con ejecutivos de la empresa.

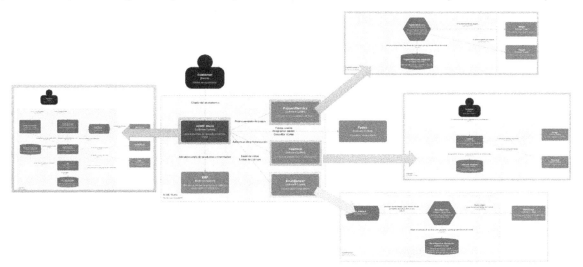

67 - Diagramas de contenedores

Diagramas de componentes (Nivel 3)

Los diagramas de componentes consisten en descomponer el diagrama de contendores para profundizar más en el aspecto técnico y de implementación. Podemos pensar en un componente como si fuera una unidad lógica o una responsabilidad del contenedor, por ejemplo, si tienes un componente que expone una serie de servicios, podemos representar todos los servicios o recursos que se agrupa en una clase, como si fuera un componente. Otro ejemplo, podría ser un componente que administra la seguridad, otro que administra el acceso a datos u otro que sirve una página web, etc.

Se que voy a sonar como una repetidora, pero me gusta resaltar que C4 sugiere profundizar en la documentación a medida que hace sentido, por lo que cuando habrá muchos casos donde no tendrá valor agregar más documentación, o simplemente no tengamos el detalle para diagramar algún contenedor. En este sentido, ya no profundizaremos en los diagramas de Keycloak, ya que es un producto de terceros y no tenemos la información para documentar sus componentes además de que no tiene valor hacerlo.

Diagrama de componentes de EmailService

Como desarrolladores de software, ya comenzado a ver cosas realmente interesantes, no solo cajas que se conectan entre sí, si no que ahora, ya podemos ver detalles de implementación realmente interesantes, como los Consumidores de mensajes, la capa de servicios, la capada de acceso a datos y el cliente para comunicarnos con Mailchimp. En este sentido, esta vista ya tiene un valor real para comenzar a comprender la estructura de un contenedor y puede ayudar mucho a los equipos de desarrollo para entender como un componente funciona y ayuda aún más en las fases de mantenimiento.

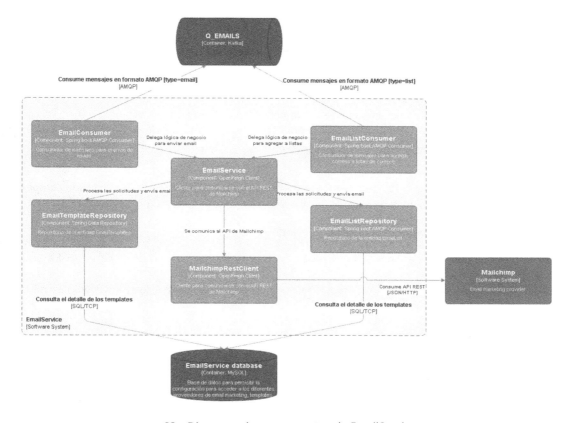

68 - Diagrama de componentes de EmailService

➢ Este diagrama lo podrás encontrar en la carpeta
driagramas/ecommerce/arquitectando/components del repositorio de GIT.

En este diagrama podemos observar los siguientes elementos:

- **Q_EMAIL**: Se trata de una cola (queue) que vive en Kafka y que es por medio de esta que se le pueden enviar mensajes al componente de EmailService.
- **EmailConsumer** y **EmailListConsumer**: Se trata de los dos componentes que leen los mensajes de la queue de Kafka, pero como vemos en su conexión, utilizan un type diferente para determinar el tipo de mensajes que procesa cada uno. Uno lee y procesa los mensajes para enviar email y el otro para agregar correos a las listas de correo (respectivamente).
- **EmailService**: Este es el componente que encapsula la lógica de negocio para procesar las solicitudes para enviar email y agregar correo a las listas de correo, al mismo tiempo que orquesta las llamadas a

los demás componentes para recuperar datos de la base de datos y consumir el API REST de Mailchimp.

- **EmailTemplateRepository** y **EmailListRepository**: Estos componentes son los que se encargan de la comunicación con la base de datos.
- **EmailService Database**: Base de datos donde se almacena la meta información de los templates de email y las listas de correo.
- **MailchipRestClient**: Clase encargada de la comunicación con el API de Mailchimp.
- **Mailchimp**: Se trata del API proporcionada por Mailchimp y representado como un sistema externo ya que sale de nuestro control.

Además de los componentes listados, es relevante poner atención a las relaciones que unen cada componente, ya que da información sobre el tipo de relación, protocolos, formatos y dirección de la comunicación.

En este sentido, podemos interpretar el diagrama de la siguiente forma:

1. Existe una cola (queue) en Kafka que recibe las solicitudes para enviar email y agregar los correos a las listas de correo.
2. Tenemos dos componentes que funcionan como consumidores que leen los mensajes de la cola según el tipo de mensajes (type).
3. Cuando los mensajes son recibidos, son delegados al componente EmailService para su procesamiento.
4. EmailService recuperar información de la base de datos por medio de los repositorios.
5. EmailService prepara los request para comunicarse con el API de Mailchimp por medio del componente MailchimpRestClient.
6. El componente MailchimpRestCliente encapsula la lógica de comunicación con el API de Mailchimp.

Diagrama de componentes de PaymentService

La idea central del contenedor PaymentService, es encapsular la lógica de comunicación con los proveedores de pagos, de tal forma que sirve como un patrón Adaptador, es decir, creamos una interface común para comunicarnos con diferentes pasarelas de pago ocultando los datos de implementación.

Nuevo concepto: Adaptador
El patrón de diseño Adapter es utilizado cuando tenemos interfaces de software incompatibles, las cuales a pesar de su incompatibilidad tiene una funcionalidad similar. Este patrón es implementado cuando se desea homogeneizar la forma de trabajar con estas interfaces incompatibles, para lo cual se crea una clase intermedia que funciona como un adaptador. Esta clase adaptador proporcionará los métodos para interactuar con la interface incompatible.

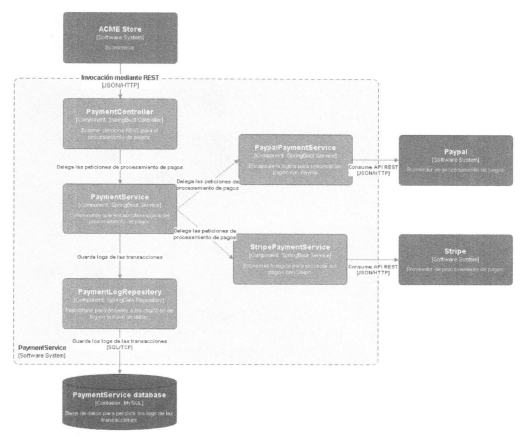

69 - Diagrama de componentes de PaymentService..

➢ Este diagrama lo podrás encontrar en la carpeta
driagramas/ecommerce/arquitectando/components del repositorio de GIT.

En este diagrama podemos ver los siguientes componentes:

- **ACME Store**: Representa al consumidor del servicio de pagos, aunque la idea es que pueda ser consumido por cualquier sistema, en este caso ponemos ACME Store por ser el único consumidor identificado.

- **Payment** y **Stripe**: Representa las API de Paypal y Stripe mediante las cuales se realizan los cobros.

- **PaymentController**: Representa la clase que expone los servicios REST (endpoints) mediante los cuales se puede realizar los cobros.

- **PaymentService**: Este componente se encarga de orquestar el proceso de cobro y tiene como principal responsabilidad determinar a qué pasarela de pagos enviar la solicitud de cobro, al mismo tiempo que guardar en los logs el resultado de cada transacción.

- **StripePaymentService** y **PaypalPaymentStripe**: Componentes encargado de la comunicación con Stripe y Paypal (respectivamente), y de la conversión de los request/response para adaptarlos al formato esperado por el proveedor en cuestión.

- **PaymentLogRepository**: Repositorio para persistir los resultados de las transacciones a modo de log.

- **PaymentService Database**: Base de datos donde se guarda la configuración para comunicarse con Stripe y Paypal y los logs de las transacciones.

El diagrama anterior lo podemos leer de la siguiente forma:

1. El sistema ACME Store (o cualquier otro) solicita realizar un cargo a la tarjeta de un cliente.

2. El componente PaymentController que expone una interface REST recibe la solicitud de cobro, el cual delega la responsabilidad del cobro al componente PaymentService.

3. El componente PaymentService tiene como responsabilidad determinar basado en el request, a que proveedor de pagos debe enviar la solicitud, para esto, contamos un componente específico para cada proveedor (StripePaymentService y PaypalPaymentService). Al mismo tiempo, guarda los logs mediante el repositorio (PaymentLogRepository).

Diagrama de componentes de ACME Store

Hablar de ACME Store, es hablar de una serie de contenedores que juegan un papel diferente pero complementario, por lo que, en este caso, no es suficiente un diagrama de componentes para representar toda la funcionalidad, en su lugar, es necesario crear un diagrama para cada uno de los contenedores del diagrama de contenedores de ACME Store.

A modo de resumen, vamos a analizar nuevamente el diagrama de contenedores de ACME Store:

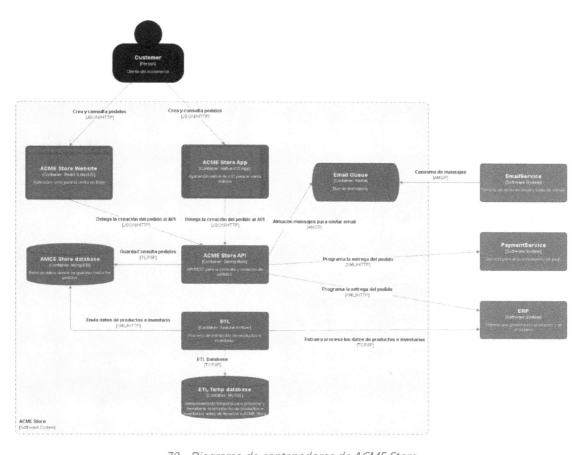

70 - Diagrama de contenedores de ACME Store.

➤ Este diagrama lo podrás encontrar en la carpeta
driagramas/ecommerce/arquitectando/components del repositorio de GIT.

En este punto, lo que tendríamos que hacer es, crear un diagrama de componentes por cada uno de los componentes dentro del bundle del sistema ACME Store, tomando en cuenta que solo valdrá la pena diagramar aquellos componentes que realmente den un valor real al negocio.

Vamos a proceder a crear los diagramas de contenedores en orden de dependencias, es decir, primero los componentes con meneos dependencias hasta los que requieren más dependencias para funcionar. Dicho esto, el orden en que crearemos los diagramas será:

1. ETL
2. ACME Store API
3. ACME Store Website

4. ACME Store APP

Cabe destacar que los sistemas externos no requieren un diagrama de contenedores, ya que son sistemas que salen de nuestro control y realmente no sabemos ni nos interesa cuál es su estructura interna. Por otro lado, los componentes que son parte de ACME Store pero son provistos por terceros, tampoco requieren un diagrama de contenedores, como es el caso de las bases de datos y la queue.

Diagrama de componentes de ETL

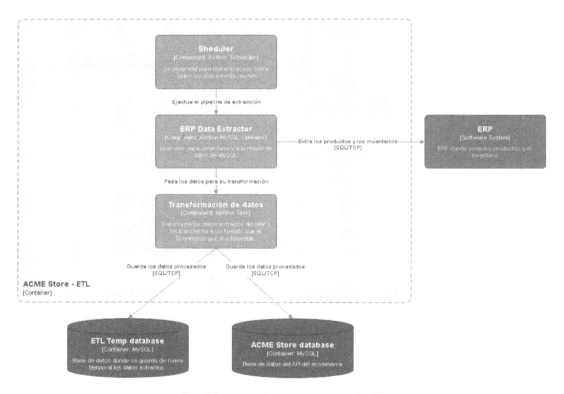

71 - Diagrama de componentes de ETL

➢ Este diagrama lo podrás encontrar en la carpeta *driagramas/ecommerce/arquitectando/components* del repositorio de GIT.

Una de las características de Airflow es que se programa en Python y se asemeja más bien a un Script que a una aplicación, hemos diagramado las principales actividades que puede tener el proceso de extracción, de tal forma que queda con las siguientes componentes:

- **Scheduler:** Es la actividad que programa la periodicidad de ejecución del pipeline
- **ERP Data Extractor:** Es la actividad encargada de la extracción de los datos desde el ERP, creando como resultado un dataset que puede ser procesado en los siguientes pasos.
- **Transformación de datos:** Actividad encargada de transformar los datos a un formato válido para el sistema ACME Store y que lo deposita en su base de datos (ACME Store database).
- ETL Temp database: Base de datos donde se guardan temporalmente los datos de cada ejecución antes de ser enviados a la base de datos ACME Store databse.
- ACME Store database: Base de datos del API del ecommerce (ACME Store API).

En este sentido, podemos interpretar el diagrama de la siguiente forma:

1. Airflow es un pipeline que se ejecutará todas las noches de forma programada
2. Cuando el proceso se dispara, consulta la información desde el ERP, trayendo solo la información nueva (delta), de tal forma que trae solo la información nueva o actualizada, evitando traer toda la base de datos.
3. Los deltas son guardados en la base de datos temporal ETL Temp database
4. El proceso de transformación toma los datos actualizados de la base de datos de ETL Temp database, los transforma y luego los envía a la base de datos el ecommerce (ACME Store database).

Diagrama de componentes de ACME Store API

En este punto, las cosas comienzan a poner confusas, ya que cualquier aplicación puede tener una gran cantidad de componentes y llegamos al punto de cuestionarnos que tan grande debe de quedar el diagrama, en tal caso, la respuesta es, agreguemos los componentes más representativos, los componentes que, al verlos, entendamos a alto nivel como la aplicación está estructurada. En este sentido, nuestra aplicación (ACME Store API) tendrá muchos elementos que quizás no valga la pena documentar en este nivel, como las entidades, los DTO, los convertidores, los validadores, clases de utilidad, clases de configuración, seguridad, etc.

Quizás los elementos más representativos de un API son los Controllers (Servicios REST), la capa de servicios (Services) y la capa de acceso a datos (Repositoty o DAO), así como la base de datos y los sistemas externos más importantes.

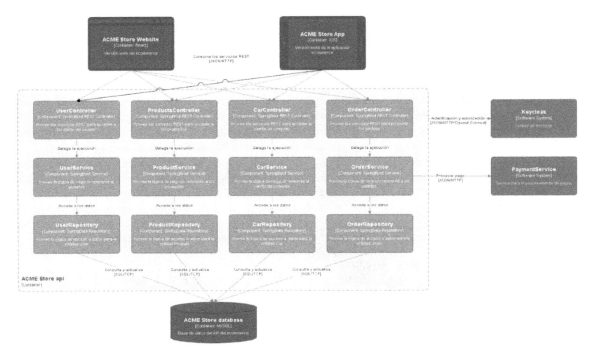

72 - Diagrama de componentes del ACME Store API

> Este diagrama lo podrás encontrar en la carpeta
> *driagramas/ecommerce/arquitectando/components* del repositorio de GIT.

Dicho lo anterior, vemos que existe cierta funcionalidad que la aplicación debe de cubrir, que son:

- **Usuarios y accesos**: Hemos creado el componente UserController para exponer todos los servicios relacionados con el acceso de los usuarios, autenticación, autorización, crear cuentas, recuperar password, etc.
- **Productos**: Creamos el componente ProducController que expondrá los servicios relacionados con los productos, como es listarlos, obtener el detalle, existencias, etc.
- **Carrito de compras**: El componente CarController expone una serie de servicios que permiten manipular el carrito de compras del cliente, con operaciones como, agregar productos al carrito, eliminar productos y consultarlo.
- **Ordenes**: Para procesar los pedidos, el componente OrderController tienes las operaciones para convertir el carrito de compra en un pedido, creando la orden y procesando los pagos.

Podrás notar que Keycloak lo he puesto en el diagrama, pero no lo he ligado a ningún componente en particular, y esto se debe a que como es de uso general, crearía mucha contaminación visual al ligar todos los controllers con Keycloak, por lo que solo lo pongo apuntado al Bundle para que se sobre entienda que es de uso general.

Diagrama de componentes de ACME Store Website

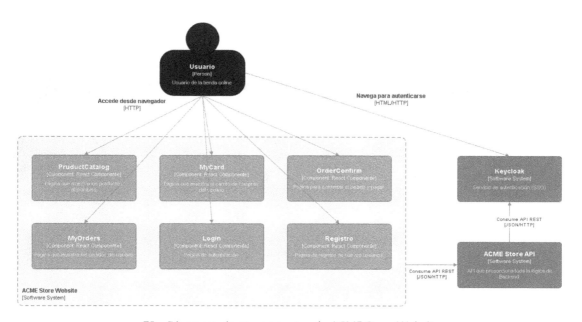

73 - Diagrama de componentes de ACME Store Website.

➢ Este diagrama lo podrás encontrar en la carpeta *driagramas/ecommerce/arquitectando/components* del repositorio de GIT.

Los diagramas de las páginas web por lo general solo representa los componentes que representan las páginas, ya que son los elementos más destacables, sin embargo, podrías agregar cualquier otro componente que veas indispensable.

En este caso, la idea es que la página web ser desarrollada con React y utilice Redux como librería para administrar los estados. Redux es un componente importante en el funcionamiento de una página web, sin embargo, no aporta mucho valor arquitectónico en este momento, además que generaría una gran cantidad de contaminación visual al relacionar todas las páginas con componentes de acciones y "reducers", es por ese motivo que hemos prescindido de él.

El sistema ACME Store API es sumamente relevante en este diagrama, pues para cargar absolutamente toda la información de las páginas, es necesario realizar llamadas al API, sin embargo, dado que todas las páginas requerirían una relación con este sistema, hemos agregado solo una relación al bundle, indicando que es una dependencia de uso general y no crear mucha contaminación visual.

Finalmente, Keycloak es importante, ya que cuando intentemos autenticarnos, la página nos direccionará a la página de login alojada en Keycloak, para finalmente poder autenticarnos contra la aplicación. De esta misma forma, cuando carguemos una página, es necesario autenticarnos mediante el token que nos da Keycloak, token que el API deberá validar nuevamente contra Keycloak, es por esto la relación entre ACME Store API y Keycloak.

Diagrama de componentes de ACME Store App

Dada la similitud entre la versión web y la app móvil, vamos omitir profundizar más en los diagramas y nos centraremos solamente en la versión web a fin de no dilatarnos demasiado en la explicación.

Resumen diagrama de componentes

En este punto ya tenemos un nivel de detalle más exacto sobre cómo están conformados los componentes sin llegar a ser sumamente técnicos, incluso, podría ser interpretados fácilmente por cualquier persona del equipo de IT.

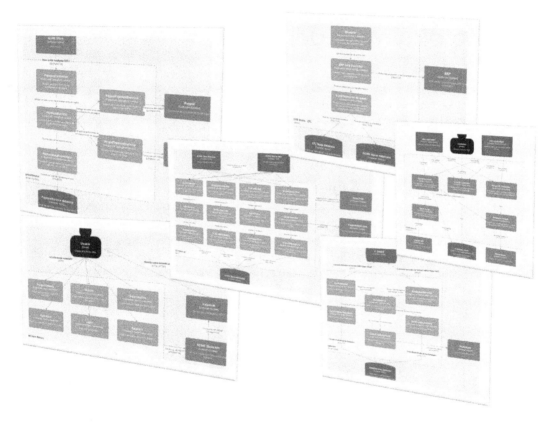

74 - Resumen de los diagramas de componentes

En este punto los diagramas se vuelven más voluminosos como para poder visualizar todos juntos, pero la idea es que ya comenzamos a tener un detalle de implementación.

Diagramas dinámicos

Cuando hablamos de un ecommerce como es nuestro caso, vale la pena diagramar los procesos más complejos o los que tiene un impacto más importante en nuestra arquitectura, en este sentido, se me ocurre que 2 procesos cumplen con estos criterios, y me refiero al proceso de login y el de la creación del pedido.

Diagrama dinámico del login

Si bien el login no es proceso crítico o desconocido por la mayoría, la realidad es que al momento de integrarlos con Keycloak (SSO) y el estándar de OAuth, OpenID Connect y Role-Based Access Control (RBAC), el flujo ya se vuelve complejo e incomprensible para muchos que nos están familiarizados con estos términos, es por este motivo que el login es un candidato para ser diagrama mediante un diagrama dinámico.

Nuevo concepto: OAuth
OAuth es un protocolo de autenticación y autorización que permite a los usuarios de aplicaciones web o móviles dar acceso limitado a sus cuentas en servicios en línea, como Google, Facebook o Twitter, a otras aplicaciones o servicios de terceros sin tener que proporcionar su nombre de usuario y contraseña. En lugar de ello, el usuario autoriza al servicio de terceros a acceder a cierta información específica de su cuenta, como su nombre o correo electrónico, para realizar determinadas acciones en su nombre.

Nuevo concepto: OpenID Connect
OpenID Connect es un protocolo de autenticación basado en OAuth 2.0 que permite a los usuarios autenticarse en diferentes aplicaciones y servicios web utilizando una única identidad digital. En lugar de tener que crear y recordar múltiples nombres de usuario y contraseñas para cada servicio en línea, OpenID Connect permite a los usuarios autenticarse utilizando una identidad digital única, que puede ser proporcionada por un proveedor de identidad, como Google, Facebook o Microsoft.

Nuevo concepto: Role-Based Access Control (RBAC)

Role-Based Access Control (RBAC) es un modelo de control de acceso que se utiliza para proteger los recursos de una organización limitando el acceso solo a aquellos usuarios que tienen los permisos y roles necesarios para acceder a ellos. En RBAC, se asignan roles a los usuarios y se otorgan permisos a esos roles, en lugar de otorgar permisos directamente a usuarios individuales. En un sistema RBAC, cada usuario es asignado a uno o varios roles, y cada rol tiene permisos específicos para acceder a ciertos recursos o realizar ciertas acciones en el sistema. Los permisos se asignan en función del rol, lo que significa que un usuario puede tener acceso a diferentes recursos y realizar diferentes acciones dependiendo del rol que tenga en el sistema.

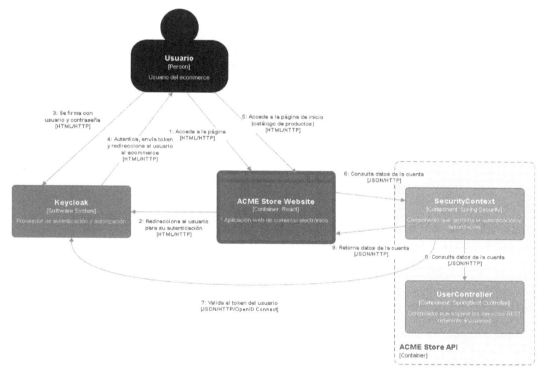

75 - Diagrama dinámico del proceso de login

➢ Este diagrama lo podrás encontrar en la carpeta *driagramas/ecommerce/arquitectando/dynamics* del repositorio de GIT.

El diagrama anterior ya lo habíamos mostrado anteriormente, pero no nos habíamos detenido a explicarlo ya que no teníamos contexto de la aplicación Ecommerce. En este punto, ya comprendemos el alcance de la aplicación ACME Store, por lo que ya tenemos el contexto para comprender cada uno de los contenedores, componentes y sistemas que sale en el diagrama, por lo que ahora solo nos enfocaremos en analizar la parte dinámica.

Si leemos el diagrama según la numeración de las interacciones, lo podemos interpretar de la siguiente manera:

1. El usuario accede al ecommerce desde su navegador
2. El ecommerce detecta que el usuario no está autenticado, por lo que redirecciona al usuario a la página de login alojada por Keycloak.
3. El usuario se autentica contra Keycloak introduciendo su usuario y password.
4. Keycloak valida las credenciales y redirecciona al usuario de regreso al ecommerce con el token de autenticación.
5. El usuario carga nuevamente la página de inicio del ecommerce a la aplicación ACME Store.
6. ACME Store solicita los datos al API los datos del cliente con el token obtenido de Keycloak.
7. El API toma el token y lo valida nuevamente contra Keycloak, para validar su autenticidad y su vigencia.
8. El API valida que el token es válido y solicita los datos del cliente al UserController, que es el controlador REST que procesa las peticiones para obtener los datos del cliente.
9. El API retorna los datos del cliente a la página web para mostrarlos en pantalla.
10. Fin.

Diagrama dinámico creación de pedidos

El proceso de creación de pedidos se dispara cuando el cliente está en el último paso de la compra, en donde ya ha validado los productos del carrito, ha puesto su dirección de envío y datos de pago, en ese momento se dispara la creación del pedido, el cobro y la confirmación del mismo.

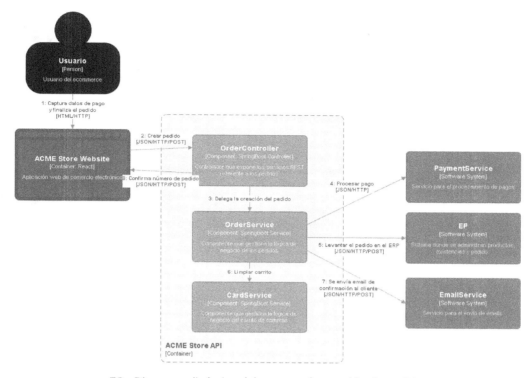

76 - Diagrama dinámico del proceso de creación de pedidos.

➤ Este diagrama lo podrás encontrar en la carpeta
driagramas/ecommerce/arquitectando/dynamics del repositorio de GIT.

El diagrama anterior lo podemos interpretar de la siguiente manera:

1. El cliente finaliza la compra y envía sus datos de pago a la aplicación.
2. La aplicación ACME Store envía el request al ACME Store API para crear el pedido.
3. ACME Store API recibe la petición por medio de los controladores REST y delega la creación del pedido al componente OrderService, el cual se encarga de orquestar todos los pasos requeridos para la creación del pedido.
4. OrderService toma los datos de pago y los envía al sistema PaymentService para realizar el cobro.
5. OrderService replica el pedido en el ERP para darle seguimiento desde este sistema y actualizar las existencias del inventario.
6. OrderService envía un email por medio del sistema EmailService, con la finalidad de notificar al cliente de la creación del pedido.
7. OrderService llama al componente CardService para limpiar el carrito de compra.
8. El API responde a la página web con el número de pedido creado y lo muestra en pantalla junto con el detalle del pedido.
9. FIN.

Diagramas de despliegue

Para ejemplificar este diagrama, vamos a crear un diagrama de despliegue centrado en el contenedor ACME Store y los elementos más representativos.

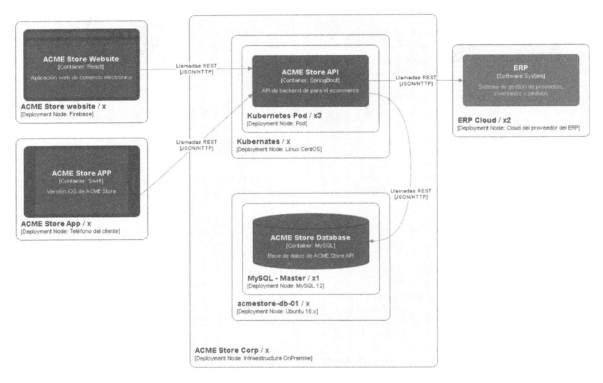

77 - Diagrama de despliegue de ACME Store

> ➤ Este diagrama lo podrás encontrar en la carpeta
> *driagramas/ecommerce/arquitectando/deployment* del repositorio de GIT.

En este diagrama podemos 4 bundles principales que delimitan la infraestructura sobre la que están desplegadas las aplicaciones. En este sentido, podemos ver que la versión web de ACME Store, está desplegada sobre Firebase, la versión móvil corre sobre el teléfono de los usuarios. Por otro lado, el API y la base de datos están alojados en un data center on-premise del cliente, el cual tiene instalado Kubernetes y dentro de este, tiene 3 pods que corren el API en alta disponibilidad. Por otro lado, la base de datos corre en un servidor llamado acmesrtore-db-01 y corre en una sola instancia (x1).

Finalmente, representamos el sistema ERP, que, si bien es parte de los sistemas de ACME Corp, es alojado en una nube pública administrada por el proveedor, es por eso que, el ERP lo representamos como un sistema.

Finalmente, en este diagrama podemos poner como una caja, cualquier componente que veamos que sea necesario, como API Gateway, Firewall, otros servicios, etc.

Cabe mencionar que este es un diagrama opcional y que se pueden crear tantos estos diagramas sean necesarios, ya sea para representar diferentes contenedores, o diferentes enfoques.

Diagramas de código (Nivel 4)

Como ya lo mencionamos antes, este diagrama es totalmente opcional y lo debemos de dejar solo para las partes más importantes de la aplicación, donde tener un detalle a bajo nivel puede ser una ventaja, incluso si esta pudiera cambiar con frecuencia.

Para nuestro ejemplo del ecommerce, vamos a crear diagramas de código para los siguientes casos:

- Diagrama de clases para representar las entidades del API
- Diagrama de clases para representar el servicio de pedidos
- Diagrama de secuencia para entender el flujo de trabajo de la creación de un pedido.

Diagrama de clase de las entidades del sistema

Una entidad es un objeto o concepto que tiene una existencia en el mundo real y que se representa en el sistema de software. Puede ser cualquier cosa, desde un objeto físico como un automóvil, hasta un concepto abstracto como una transacción financiera.

Las entidades son importantes en el desarrollo de software porque permiten a los desarrolladores crear una representación del mundo real dentro del sistema. Cada entidad tiene sus propias propiedades y características, y puede tener relaciones con otras entidades dentro del sistema.

De la misma forma, las entidades son por lo general clases que terminan siendo persistentes en la base de datos, por lo tanto, es común ver que existe una tabla de base de datos por entidad.

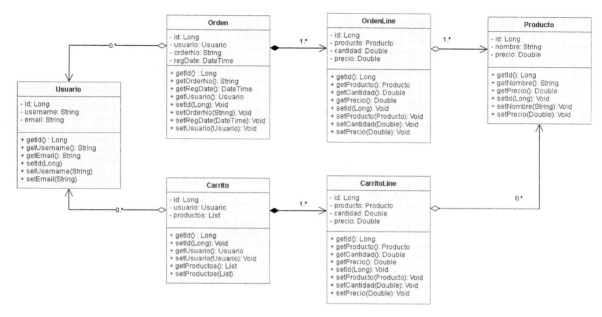

78 - Diagrama de clases de las entidades del sistema

Como podemos apreciar, este diagrama muestras las relaciones que tiene las clases, y si esta es una herencia, una composición o una agregación.

Nuevo concepto: Agregación

Una agregación en UML es una relación entre dos clases donde una clase es parte de la otra clase, pero ambas clases pueden existir independientemente. Se representa con un rombo vacío en la clase que contiene la parte, apuntando a la clase que contiene el todo.

Nuevo concepto: Composición

Una composición en UML es una relación entre dos clases donde una clase es una parte fundamental de la otra clase, y no pueden existir de forma independiente. Si la clase que contiene la parte es eliminada, entonces la parte también es eliminada. Se representa con un diamante negro en la clase que contiene la parte, apuntando a la clase que contiene el todo.

Nuevo concepto: Herencia
La herencia en programación orientada a objetos permite que una clase hija herede atributos y métodos de una clase padre. Esto facilita la reutilización del código, la organización del programa y la creación de modelos claros y comprensibles.

Las entidades que vemos en el diagrama son las siguientes:

- Carrito: representa el carrito de un cliente

- CarritoLine: representa una relación entre el carrito y un producto agregado al carrito, de esta forma, un carrito puede tener 0 o más líneas.

- Producto: representa un producto de la tienda virtual.

- Orden: representa un pedido ya confirmado, en este sentido, cuando el cliente finaliza la compra del carrito de compra, el carrito pasa a ser una Orden y el carrito se vacía.

- OrdenLine: representa una relación entre la orden y los productos relacionados con la orden, de esta forma, una orden puede tener 1 o más líneas.

- Usuario: representa un usuario de la tienda virtual.

Diagrama de clase del servicio de pedidos

Como ya lo hemos comentado, el servicio de creación de los pedidos, es sin duda el más complejo de la aplicación, es por ese motivo, que vale la pena profundizar en los detalles de implementación, para esto, hemos diagramado las clases que participan durante la creación de un pedido.

En lo particular me gusta utilizar los colores para representar los diferentes tipos de clases, por ejemplo, utilizo el azul para controladores (REST), en verde, los servicios, en rojo, las excepciones, purpura para repositorios, amarillos para clases de Entidad o DTO y en blanco clases o interfaces proporcionadas por terceros.

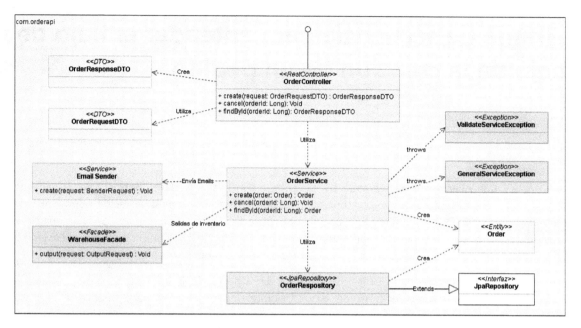

79 - Diagrama de clases del servicio de ordenes

Las clases que vemos en este diagrama son:

- **OrderController:** Representa la clase que expone los servicio REST referente a las ordenes.

- **OrderService**: Representa la clase que proporciona los métodos de negocio de las ordenes, como crearlas, cancelar, o buscarlas por ID.

- **OrderRepository**: Representa la clase de acceso a datos, esta se encarga la comunicación con la base de datos.

- **OrderRequestDTO & OrderResponseDTO**: Estos dos DTO representan la solicitud y respuesta del servicio de creación de pedidos.

- **ValidateServiceException & GeneralServiceException**: son las dos excepciones que puede lanzar el servicio de creación de pedido o cancelación, donde ValidateServiceExcepcion representan excepciones de negocio, mientras GeneralServiceException representan errores generales.

- **JpaRespository**: Esta es una interfaz proporcionada por el framework de Spring, de la cual heredan todos los repositorios del proyecto.

Diagrama de secuencia para entender el flujo de trabajo de la creación de un pedido

En este diagrama intentamos mostrar cómo es creado un pedido y todas las clases involucradas para la creación.

Nuestra API sigue una muy definida estructura de capas, que van desde la clase controladora, la capa de servicios y la capa de acceso a datos o repositorios, por lo que cuando un request se recibe por la capa de controladores (Servicio REST), esta hará todo los posible por convertir el request en formato JSON en una clase que contendrá todos los datos para poder ser leídos desde Java. Este request ya como un objeto es enviado a la capa de servicios, en donde se realiza la lógica real para la creación del pedido.

El servicio se encarga de crear un objeto Order con todos los datos necesario, lo pasa a la capa de persistencia (repository) para su guardarlo en la base de datos, seguido, se procesa el pago mediante la clase PaymentClient, que en realidad es una clase encargada de consumir el servicio de PaymentService. Finalmente, se realiza el cargo al cliente mediante la clase CardService y una respuesta es enviada al cliente.

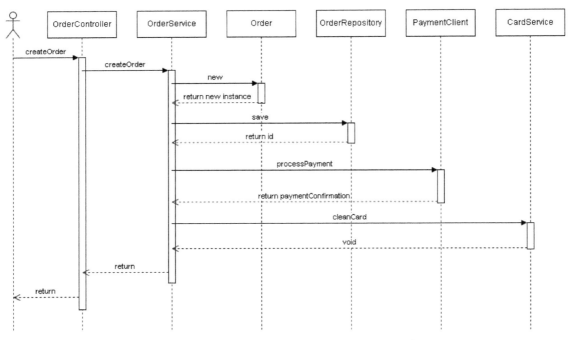

Ilustración 80 - Diagrama de secuencia del proceso de creación de ordenes.

En este diagrama basta con seguir la secuencia de flechas para comprender como el flujo se va ejecutando, incluso sin tener experiencia en UML o estos diagramas, es muy simple comprender el flujo por el cual se da la creación del pedido. Desde luego que este es un diagrama bastante burdo de lo complejo que podría ser crear un pedido en un sistema real, ya que faltarán condiciones, o incluso muchos más objetos que entren en juego, sin embargo, a modo de demostración quise representar algo simple para ilustrar la idea y que puedas comprender mejor como y donde aplicar estos diagramas.

Creando un documento de arquitectura

Los diagramas de arquitectura son muy buenos para explicar a otras personas el funcionamiento del sistema y son una herramienta indispensable para documentar el software, sin embargo, los diagramas por si mismo no cuenta una historia completa del sistema y requiere de un esfuerzo adicional para trasmitir una idea completo a nuevos equipos de desarrollo o personas externas a él, es por ese motivo que siempre es recomendable tener un documento de arquitectura que describa un poco el contexto de la aplicación, la problemática que resuelve y el valor de negocio que este trae a la organización es por este motivo que un documento de arquitectura siempre será bien recibido.

Si bien, un documento de arquitectura nunca está de más, lo cierto es que elaborarlo lleva su tiempo, por lo que quizás no todos los componentes requieren uno, dejando este documento solo a los sistemas claves de la empresa o que están pensado para ser utilizados por personas externa a la compañía y que requiere conocer ciertos detalles para su implementación o la integración con otros sistemas.

Dicho lo anterior, yo he desarrollado un templete para crear un documento de arquitectura básico que sirva para la mayoría de los casos, sin embargo, no quiere que tomes este templete como la panacea, ya que seguramente, este requerirá modificaciones según el tipo de sistema que tengamos a nuestro cargo. Este templete lo puedes encontrar en el repositorio de este libro o directamente en la siguiente dirección:

https://github.com/oscarjb1/book-documentacion-agil-de-arquitectura-software/tree/master/templates/documento-arquitectura

En esta misma dirección encontrarás el templete como el documento terminado, por si quieres verlo como quedaría para el caso de ACME Store o si quieres el templete para ver las guías de como llenarlo.

APROBADORES DEL DOCUMENTO

<<Representa las personas que aprobaron para que este documento pudiera ser publicado>>

Nombre del aprobador	Rol
[nombre del aprobador]	[Rol del aprobador]

REVISORES DEL DOCUMENTO

<<Representa las personas que revisaron el documento antes de su publicación>>

Nombre del revisor	Rol
[nombre del revisor]	[Rol del aprobador]

HISTORIAL DE CAMBIOS

<< Indica todos los cambios que ha tenido el documento desde su creación, como la versión del documento, la fecha del cambio, la persona que lo editó y, sobre todo, una descripción de los cambios realizados al documento >>

Versión	Fecha	Actualizado por	Descripción
[No Versión]	[Fecha del cambio]	[Nombre de la persona que modifico el documento]	<Rol del aprobador>

Contenido

INTRODUCCIÓN

Propósito

<<Breve descripción sobre el propósito de este documento>>
<< Ejemplo:

Este documento tiene como finalidad proveer una visión global y detallada de la arquitectura del sistema, mediante el uso de distintas perspectivas arquitectónicas para representar los diferentes aspectos del mismo. Su propósito es capturar y transmitir las decisiones arquitectónicas más relevantes que se han tomado en relación al sistema.

>>

Alcance

<<Describe brevemente cual es el alcance de este documento, como los sistemas que cubre y los sistemas o componentes que quedan fuera del documento, básicamente se intenta delimitar lo que encontraremos en este documento.>>
<< Ejemplo:

Este documento intenta explicar la arquitectura del componente ACME Store API, uno de los componentes más importantes del sistema ACME Store. Este documento está acotado a explicar el funcionamiento de este componente y como este se relaciona con los componentes adyacentes.

>>

Glosario

<<Esta sección es para listar cualquier termino que pueda ser confuso o desconocido para un actor externo al sistema>>

Término	Descripción
[nombre del término]	[Descripción del término]
<<ejemplos>	*<<ejemplos>>*
REST	Representative State Transfer
DAO	Data Access Object
DTO	Data Transfer Object
Spring Framework	Framework de desarrollo Java de propósito general
Spring boot	Framework Java para la creación de microservicios.
JMS	Java Message Service
JWT	JSON Web Token
JSON	Javascript Object Notation

ARQUITECTURA GENERAL

Descripción general de la aplicación

<<*Realice una breve descripción de la aplicación que está documentando*>>
<<Ejemplo:

ACME Store es una aplicación de comercio electrónico cuyo objetivo principal es procesar pedidos de clientes a través de internet. Aunque pueda parecer una aplicación sencilla, en realidad consta de varios componentes que realizan diversas tareas, desde la capa de presentación (una versión web y otra móvil) hasta el backend, que incluye un API REST y un proceso de sincronización de pedidos con el ERP. Este documento explica la arquitectura del sistema ACME Store, incluyendo los aspectos más relevantes de la arquitectura de software.
>>

Objetivos generales y restricciones de la arquitectura

<<Los siguientes requerimientos no funcionales fueron identificados y tomados en cuenta para diseñar la arquitectura del sistema>>

Requisitos no funcionales	Descripción
[Requisito funcional]	<<Descripción de requisito funcional y como este afecta a la arquitectura>>
[Ejemplo]	*[Ejemplo]*
Seguridad	Dado que el sistema procesa pagos en línea, es necesario contar con mecanismos que ayuden a procesar de forma segura los cargos y evitar que los datos bancarios sean mal utilizados, almacenados o explotados por personas no autorizadas.
Escalabilidad	Dada las ambiciones de la compañía, se espera que ACME Store pueda funcionar en varios países

	sin verse afectada por el tráfico que este tenga. De la misma forma, es necesario tomar en cuenta los picos de demanda como las fechas festivas para no detener su operación
Usabilidad	Dado que el sistema será utilizado por público en general, tiene que ser diseñado para ser fácilmente utilizable por cualquier persona.

Arquitectura de contexto del sistema

<<En esta sección se debe agregar un diagrama de arquitectura general del sistema, que represente los elementos más importantes, aquí es recomendable poner el diagrama de contexto del sistema, así como una breve descripción de los elementos que aparecen en el diagrama>>

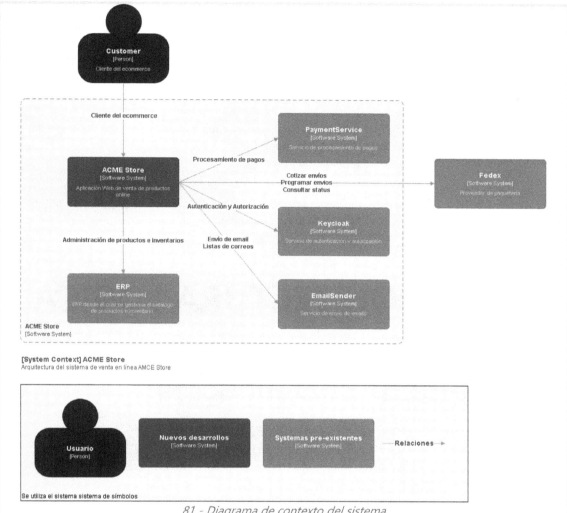

81 - Diagrama de contexto del sistema

<< Describa los elementos que aparecen en el diagrama con la finalidad de que las personas externas al sistema puedan comprender la relevancia y cada uno de los elementos y el papel que juegan dentro de la arquitectura.>>

<<Ejemplo:

ACME Store es la aplicación web de comercio electrónico de ACME Corp, la cual puedes visitar en acmestore.com, o descargando la aplicación desde la App Store.

ACME Store puede parecer una simple aplicación, sin embargo, es en realidad una serie de componentes que le dan vida al sistema, que van desde la aplicación web, la app para móviles, el API REST de backend y procesos de sincronización de productos y existencias. Además de estos, se hacen uso de otros sistemas, tanto externos como internos, los cuales son:

- ERP: Sistema desde el cual se lleva a cabo el seguimiento de los pedidos, productos e inventarios.
- PaymentService: Es un servicio para procesar pagos, el cual simplifica la integración con los diferentes proveedores de pago.
- Keycloak: Sistema para gestionar la autenticación y la autorización utilizando los estándares de OAuth y OpenID Connect.
- EmailSender: Servicio de infraestructura para enviar correos electrónicos, simplificando la comunicación con los proveedores de Email Marketing, como es el caso de MailChimp.
- Fedex: Representa el API de Fedex para cotizar los envíos.

Más adelante en este mismo documento vamos a profundizar en los componentes que conforman el sistema ACME Store así como el componente central de este documento que es ACME Store API.
> >

ARQUITECTURA LÓGICA

Arquitectura de contenedores

<< En esta sección, describiremos la arquitectura lógica del sistema ACME Store, es decir, los elementos más significativos y las relaciones que muestran su interacción. En este punto, es un buen momento para agregar el diagrama de contenedores. En esta sección, nos centraremos en cómo el sistema interactúa con el resto de los componentes >>

<< Ejemplo:

ACME Store es una aplicación de comercio electrónico, compuesto por diferentes componentes que juegan un papel importante dentro de la arquitectura. Si bien ACME Store tiene la parte visible para el usuario que es la versión web y móvil de la aplicación, existen otros componentes de backend que tiene una importante relevancia para poder procesar los pedidos, realizar los pagos, envío de email, sincronización de productos e inventarios, etc. En este sentido ACME Store API es el componente de backend que expone los servicios y la lógica de negocio que le da vida a la aplicación y en el que nos centraremos en este documento.
> >

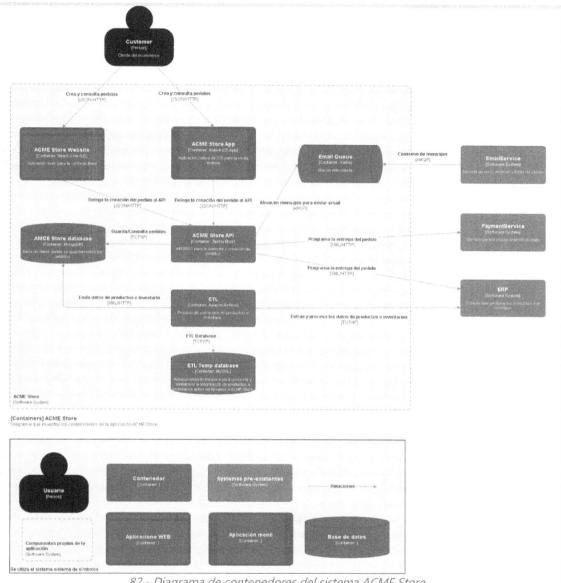

82 - Diagrama de contenedores del sistema ACME Store.

<< Ejemplo:

En esta vista de la arquitectura podemos apreciar los siguientes sistemas:

- ACME Store Website: Aplicación web (React) que se renderiza desde el navegador y que es la que los usuarios utilizan para consultar el catálogo de productos y realizar sus pedidos.
- ACME Store App: Aplicación nativa para iOS (Swift) que los usuarios pueden descargar desde la App Store para consultar el catálogo de productos y realizar pedidos.

- ACME Store API: Corresponde al componente de Backend (Spring Boot) que da soporte tanto a la versión web como móvil mediante la exposición de servicios REST.
- ACME Store database: Base de datos (MongoDB) de ACME Store API donde se almacena la información de usuarios, pedidos, productos e inventarios, etc.
- ETL: Proceso (Airflow) de extracción que sincroniza el catálogo de productos e inventarios desde el ERP, hasta la base de datos de ACME Store API. Este proceso se ejecuta todas las noches.
- ETL Temp database: Base de dato (MySQL) utilizada por el proceso ETL para procesar temporalmente el catálogo de productos e inventarios.
- Email Queue: Es la cola (queue en Kafka) que se utiliza para almacenar los mensajes de envío de correo electrónicos, con la finalidad de perder los mensajes y tener bajo acoplamiento con el componente de EmailService.
- EmilService: Es el servicio de infraestructura (reutilizable) utilizado para el envío de correos electrónicos, de tal forma que oculta al proveedor real de email marketing para hacer más simple y estándar el envío de email en toda la compañía.
- PaymentService: Servicio de infraestructura utilizado para el procesamiento de pagos.

ACME Store API es un API REST desarrollado en Spring Boot bajo la arquitectura de microservicios, lo que implica que cuenta con su propio runtime basado en Apache Tomcat y puede ejecutarse por sí mismo sin necesidad de un servidor de aplicaciones. Además, se ejecuta dentro de un contenedor en Kubernetes.
>>

Proceso de extracción ETL

<< *Se puede agregar una sección dedica para cada contenedor donde sea necesario realizar una explicación más detallada que una simple viñeta* >>

<< Ejemplo:

El proceso de extracción ETL no es parte del contenedor ACME Store API, pero es sumamente relevante para su correcto funcionamiento, ya que los productos y los inventarios son administrados y actualizados desde el ERP. Por tal motivo, el API requiere de un proceso que sincronice los datos todos los días. El proceso ETL es un desarrollo construido exclusivamente con esta finalidad y se trata de un desarrollo en Airflow que extrae los datos de los productos y los inventarios, los almacena temporalmente en su propia base de datos llamada ETL Temp Database para finalmente convertir la información en el formato esperado por la base de datos del API.

Dado que es un proceso tardado por la gran cantidad de productos, se ha tomado la decisión de que se ejecute una sola vez a medianoche. Este proceso está automatizado, sin embargo, si se requiere, puede ser forzado para correr en cualquier hora del día. La importancia de este componente es tal que, si no funcionara correctamente, no se verían reflejados los cambios en los productos y sus inventarios, por lo que es de suma importancia para el correcto funcionamiento de ACME Store API y de la tienda en general.

Arquitectura de componentes

<< Ejemplo:

ACME Store API es construido en capas, donde cada una de ellas cubre una responsabilidad del sistema, estas capas sirven para organizar mejor el proyecto y estandarizar la forma en que estos trabajan. Las capas definidas en el servicio son:

- Controllers: representa la capa de servicios y en esta se definen todos los métodos que serán expuestos como servicio REST. Esta capa se encarga de recibir las peticiones y delegarlas a la capa de servicios. Esta capa no procesa nada de lógica de negocios, solo se limita al procesamiento de las solicitudes y las transformaciones para las respuestas en formato JSON.
- Services: capa transaccional de la arquitectura, en este se lleva a cabo toda la lógica de negocio y el procesamiento de peticiones al API. Esta capa no se preocupa por el acceso a datos o los formatos de entrada/salida esperados por el API.
- Repository: capa de acceso a datos, ha esta capa se le delega la responsabilidad de consultas, guardado, actualizaciones y borrado a la base de datos. Esta capa no se preocupa por lógica de negocio, solo la comunicación con la base de datos.

>>

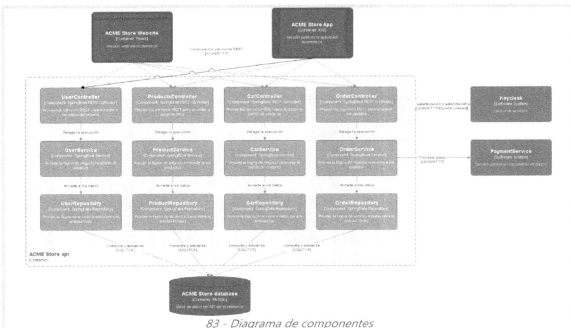

83 - Diagrama de componentes

<< Ejemplo:

Para comprender mejor el funcionamiento de la aplicación, hemos dividido el contenedor en "dominios", donde cada domino agrupa una serie de clases relacionadas entre sí y que responde en función de una entidad.

<< Muchas veces la explicación de los componentes es repetitiva, ya que se componen de una misma estructura de clases, como es el caso de las Entidades, Controladores, Servicios y Repositorios, por tal motivo, podemos dividir la explicación por Dominios >>

Dominio de usuarios

El dominio de usuarios está encabezado por la entidad User, clase que se omite en el diagrama de componentes para simplificarlo. El dominio de usuarios está conformado por las clases UsuarioController, UserService, UserRepository y la entidad User. Este dominio se centra en la creación de servicios relacionados con los usuarios, como la creación de nuevas cuentas, actualizaciones de perfiles, etc.

En este dominio pueden entrar en juego otras Entidades secundarias y relacionadas como el usuario, como puede ser las Direcciones (Address), métodos de pago (PaymentMethod) y la entidad del perfil del usuario (UserProfile)

Dominio de Productos

Este dominio está encabezado por la entidad Producto, clase que se omite del diagrama de componentes para simplificarlo. El dominio de productos está conformado por las clases ProductController, ProductService, ProductRepository y la entidad Producto. Este dominio se centra en los servicios para la consulta del catálogo de productos y los inventarios.

Dominio de Carrito de compras

Este dominio está encabezado por la entidad Car, clase que se omite del diagrama de componentes para simplificarlo. El dominio de carrito de compras está conformado por las clases CarController, CarService, CarRepository y la entidad Car. Este dominio se centra en los servicios relacionados con el carrito de compra, como limpiar el carrito, agregar/eliminar productos al carrito, etc.
En este domino interactúa entidades secundarias como la CarItem, que representa un producto dentro del carrito.

Dominio de Ordenes

Este dominio está encabezado por la entidad Orden, clase que se omite del diagrama de componentes para simplificarlo. El dominio de carrito de compras está conformado por las clases OrderController, OrderService, OrderRepository y la entidad Order. Este dominio se centra en las ordenes y los servicios relacionados con esta, como es la creación de pedidos, pago de ordenes, actualizaciones de inventario, cancelación de pedidos, etc.

\> \>

Arquitectura de bajo nivel

<< *Esta sección se reserva solo para aquellos procesos que requieren un nivel de detalle de bajo nivel y que son fundamentales para comprender el componente. Esta sección es opcional y no siempre será requerida, sobre todo en componentes más simples que no tiene procesos complejos.*
En esta sección es aconsejable incluir diagramas de UML o código y diagramas dinámicos de C4. >>

En esta sección describiremos aquellos procesos que, por su complejidad o criticidad, son candidatos a diagramar con un detalle más fino.

Dominio de la aplicación

El siguiente diagrama muestra las Entidades administradas por este componente, las cuales tiene una relación directa con la base de datos.

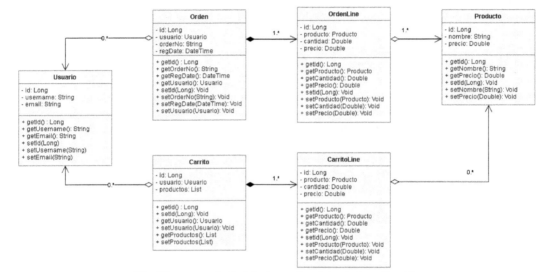

84 - Diagrama de Entidades o dominio de la aplicación.

Proceso de autenticación

El proceso de autenticación puede resultar complejo en primera instancia, sobre todo si se desconocen los estándares de OAuth y OpenID Connect, por lo que el siguiente diagrama intenta dar una idea más clara del proceso por medio del cual se lleva a cabo la autenticación de los usuarios.

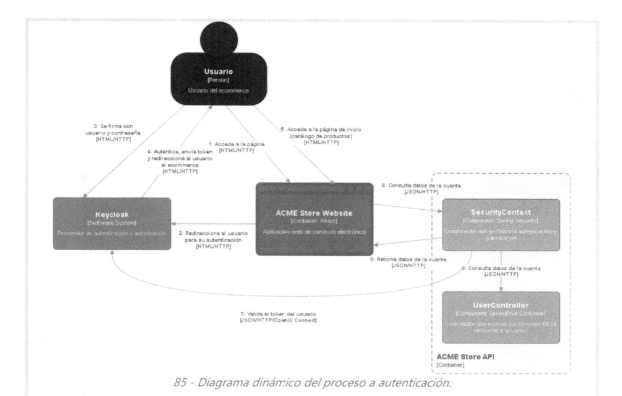

85 - Diagrama dinámico del proceso a autenticación.

Keycloak es un proyecto de código abierto que implementa la autenticación por medio del estándar de OAuth y OpenID Connect y es la base sobre la que funciona el sistema de autenticación de ACME Store. Cuando un usuario accede a la página de ACME Store, tendrá la opción de iniciar sesión en la página. En primera instancia, el usuario será redirigido a la página de autenticación alojada en Keycloak, donde tendrá que ingresar su usuario y contraseña. Una vez que introduzca sus credenciales, Keycloak las validará y, de ser correctas, redireccionará al usuario de regreso a la página de ACME Store.

Una vez de regreso en la página de ACME Store, la página intentará autenticar al usuario con el token generado por Keycloak, por lo que enviará ese token de regreso a Keyclok para su validación. Si Keyclok lo validar, entonces la página de ACME Store autentica al usuario y regresa los datos del cliente usuario.

De allí en adelante, cada petición que realice el usuario sobre el sistema, tendrá que incluir el token, y ACME Store API lo tendrá que validar nuevamente a fin de validar que sea autentico y vigente.

Proceso de creación de pedidos

La generación de pedidos es el proceso más importante de la aplicación, pues de este depende que la tienda tenga ventas y pueda ser rentable, además, es un proceso complejo, ya que interviene varios servicios o sistemas externos para su correcto funcionamiento.

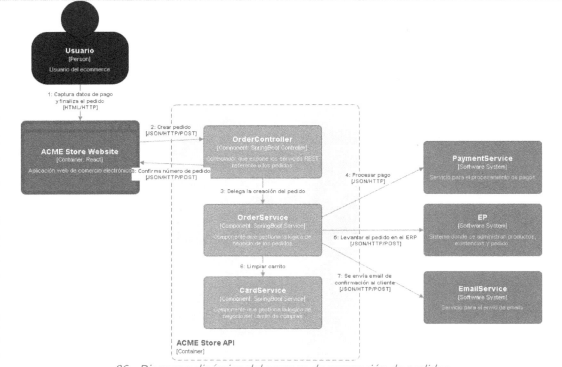

86 - Diagrama dinámico del proceso de generación de pedidos.

El proceso de creación de ordenes se puede disparar desde diferentes medios, ya que al ser un servicio REST, solo basta que un consumidor ejecute el servicio para que se detone la creación, sin embargo, por el momento, los dos únicos actores conocidos que pueden hacer esto son los contenedores ACME Store App y ACME Store Website.

Dicho lo anterior, el proceso de creación se dispara desde el servicio REST de creación de órdenes que responde en el endpoint/orders sobre el método POST. Este recibe la petición y realiza validaciones simples de formato y delega la creación del pedido al componente OrderService, el cual guarda el pedido en la base de datos por medio de la capa de persistencia, realiza el cargo a la tarjeta del cliente mediante el sistema PaymentService, sincroniza el pedido con el ERP y envía un correo electrónico con la confirmación del pedido.

El orden en que se realizan estos pasos se puede apreciar en el siguiente diagrama de secuencia.

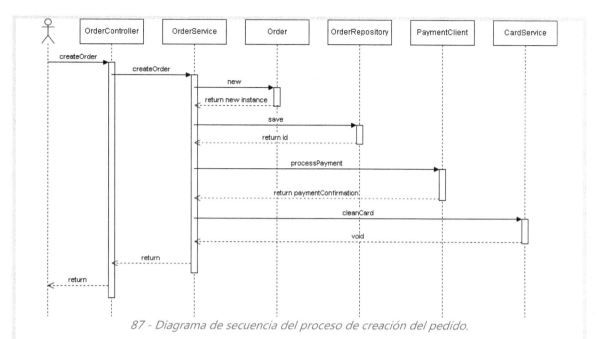

87 - Diagrama de secuencia del proceso de creación del pedido.

El siguiente diagrama ilustra perfectamente como esta conformado el contenedor ACME Store API respecto al dominio de pedidos:

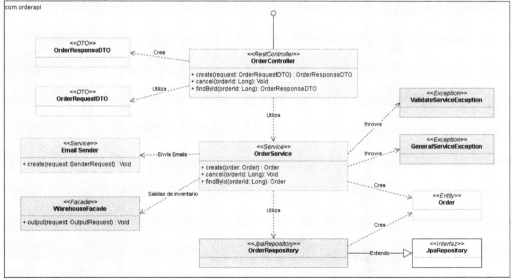

88 - Diagrama de clases del dominio de Ordenes

ARQUITECTURA FÍSICA

La arquitectura física tiene como objetivo ilustrar cómo los contenedores se desplegarán físicamente dentro de los servidores de nuestra infraestructura o de la nube.

<< Agrega una descripción que ayude a comprender el diagrama, donde se expliquen los contenedores y sistemas, así como las cajas sobre las que están desplegados los contenedores >>

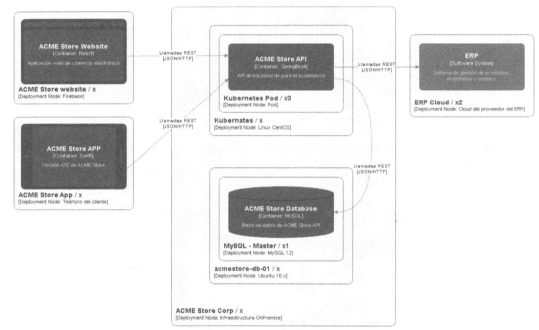

89 - Diagrama de despliegue

<< Ejemplo:

ACME Corp cuenta con una robusta infraestructura on-premise que le permite desplegar sus aplicaciones de forma loca con infraestructura propia. Para esto, ACME Corp cuenta un cluster de Kubernetes para desplegar aplicaciones y también cuenta con la posibilidad de desplegar aplicaciones en máquinas virtuales o físicas.

Los elementos que aparecen en este diagrama son:

- ACME Store Website: Esta desplegado sobre Firebase, por lo que es una plataforma totalmente administrada por Google y no se requiere acciones para escalar la aplicación.

- ACME Store App: Al ser una aplicación nativa de iOS, la aplicación de sube a la App Store y se ejecuta en el smarthpone de cada cliente.
- ACME Store API: El API REST de la aplicación está desplegado sobre un cluster de Kubernetes alojado en la infraestructura de ACME Corp, por lo que la gestión y el escalamiento de este componente está a cargo de ACME Corp. Inicialmente la aplicación funciona en 3 instancias de contenedor.
- ACME Store Database: Base de datos MySQL donde se almacena toda la información del API. Esta base de datos se ejecuta desde una máquina virtual llamada "acmestore-db-01".
- ERP: Al ser un sistema de un tercero, es ejecutado y administrado en su totalidad por el proveedor, por lo que vive en la nube del vendor.

> >

Como lo comentamos al inicio de esta sección, siente con la libertad de agregar o quitar cualquier sección que creas relevante para adaptarlo a tus necesidades.

Documentación como código

En los últimos años, la automatización de procesos y la inclusión de tecnologías en todas las áreas he venido tomando cada vez más fuerza y ejemplos de estos hay varios, como las metodologías: Infraestructura como código (IaC), Configuración como Código (CaC), Despliegue Continuo/Integración Continua (CI/CD), Automatización de Procesos Empresariales (BPA), etc. Prácticas como estas, tiene en común que reemplaza las tareas manuales mediante código y en el caso de la documentación, esto no podrías ser una excepción, por esto, en este capítulo abordaremos la Documentación como Código o Docs-as-Code (DaC).

La documentación como código (Docs-as-Code) es una metodología que utiliza herramientas y procesos de desarrollo de software para crear, gestionar y mantener la documentación de un proyecto o sistema de software. En lugar de crear la documentación por separado, se escribe y mantiene la documentación en el mismo repositorio y formato que el código fuente del proyecto, ya que la idea es que la documentación sea vista como parte del código de la aplicación.

Con Docs-as-Code, la documentación se escribe en un lenguaje de marcado (como Markdown) y se almacena junto con el código fuente en un repositorio de control de versiones, lo que permite a los equipos de desarrollo y operaciones mantener la documentación actualizada y coherente con el código.

Algunas de las ventajas de Docs-as-Code son:

- La documentación se puede integrar fácilmente con el proceso de desarrollo y la cadena de herramientas de CI/CD (integración continua/entrega continua), lo que permite una mayor automatización y eficiencia.

- La documentación se puede mantener actualizada y revisada junto con el código fuente, lo que reduce el riesgo de inconsistencias y errores.

- La documentación es fácilmente accesible y se puede compartir con otros miembros del equipo de desarrollo, operaciones y usuarios finales.

- La documentación se puede generar en múltiples formatos (como HTML, PDF o Markdown), lo que permite una mayor flexibilidad para su visualización y distribución.

La documentación como código (Docs-as-Code) se ha vuelto cada vez más popular en los últimos años debido a su capacidad para mejorar la calidad y la eficiencia de la documentación de un proyecto de software. En lugar de crear la documentación de forma manual o en documentos separados, se escribe y mantiene junto con el código fuente, lo que permite una mayor coherencia, colaboración y automatización.

Documentación como código vs convencional

El termino de documentación como código puede llegar a ser intimidante de entrada, porque puede sembrar la idea de que será necesario aprender un nuevo lenguaje de programación o literalmente tendremos que programar para generar la documentación, sin embargo, esto está un poco fuera de la realidad. Si bien, si es necesario realizar algunas configuraciones para comenzar a trabajar con documentación como código, la realidad es que una vez sorteada esta configuración, el resto es muy simple y cualquier programador que desarrollo software podrá generar o actualiza la documentación.

Las herramientas

Uno de los principales problemas cuando comenzamos a generar documentación de la forma tradicional es que, tenemos que decidir sobre las diferentes herramientas que utilizaremos para generarla, desde el procesador de texto (Word, Google Docs, Libre Office, etc) hasta la herramienta que utilizaremos para crear los diagramas (Archimate, diagrams.net, Microsfot Vision, etc). Cada una de estas herramientas podría requerir una licencia, o al menos la instalación en cada uno de los equipos (si aplica).

En lo particular, me ha tocado ver en muchas ocasiones que cuando es necesario actualizar la documentación de un componente, hay que solicitas la documentación al equipo de IT, los cuales en muchas de las ocasiones solo tiene un PDF ya generado, que obviamente, no es posible modificar. Insistiendo un poco más, logran encontrar un documento de Word que contiene la documentación original, pero no están seguros si ese Word es la última versión con la que se generó el PDF, entonces toca revisar y escalar el tema en caso de que no sea la última versión. Finalmente, ya que estamos ante el documento final, vemos que ese documento tiene diversos diagramas, pero ni rastro de donde está el archivo original con el que se crearon, entonces toca escalar nuevamente el tema a ver si con suerte se encuentra o en el peor de los casos toca volverlos a crear.

La DaC tiene la venta de que se basa en herramientas de código libre que están disponibles para su uso, incluso, tal es el caso del lenguaje de marcado Markdown que permite crear documentos de texto enriquecido mediante texto plano, por otro lado, markdown se puede integrar con otras herramientas como PlantUML o Mermaid para generar todo tipo de diagramas de UML y modelo C4, pero no está limitado a eso, si no que podemos usar motores más sofisticados, como Kroki que integra varios motores más para poder crear diagramas de Red, de Base de datos, gráficos financieros, diagramas de BPMN, diagramas de Gant y un largo etcétera.

El almacenamiento

Por lo general, las empresas menos maduras no cuentan con repositorios dedicamos a la documentación, por lo que es habitual ver que un documento de arquitectura vive en una especie de comuna colectiva, donde cada uno de los miembros del equipo tiene una copia que le llego algún día por correo y la guardo. De esta misma forma, no existe un responsable que administre la documentación, en su lugar, se sobre entiende que el equipo de desarrollo de ese componente la tiene y en caso de ser requerida se solicita, con la esperanza claro, de que el equipo original que desarrollo el componente continue en la empresa, en caso contrario, seguramente alguien tendrá por allí alguna copia en PDF que solicite en algún momento ignorando si es la última versión o si lo que dice ese documento tiene algo que ver con el estado actual del sistema.

En conclusión, la documentación por lo general se descuida al no ser un activo tan relevante una vez que el producto sale a producción y con el tiempo, los originales se van perdiendo y la responsabilidad de estos se diluye entre el equipo de desarrollo.

Cuando hablamos en términos de DaC, tenemos la ventaja de que la documentación es parte del mismo proyecto, por lo que podríamos agregar la documentación como parte del repositorio, lo que ayuda a tener un mejor control de los documentos y su rastreabilidad.

Conciliación del documento

Otro aspecto importante de un documento es que está formado por varios elementos, como pueden ser diagramas, tablas, imágenes, estilos, o incluso, otros documentos, los cuales es necesario unificar en una plantilla para darle forma al documento final. Suponiendo que tenemos todos los elementos originales para modificar un documento, lo que sigue es actualizar los diagramas, guardarlos con el cuidado de tener un control de versiones, exportar el gráfico y luego llevarlo al documento en cuestión, lo cual implica claramente que debemos tener todas las herramientas (software) para editar los elementos necesarios.

Estilos

A ver, seamos sinceros, como programadores, por lo general odiamos generar documentación, pero si a eso le sumas que los párrafos deben ser Arial de 18 puntos, los títulos 1 deben ser 32 puntos en negritas con fuente Montserrat en negritas y en color Azul oscuro (#2C4E85), luego el titulo 2 debe ser a 24 puntos en negrita también en Azul más claro (#285794), el titulo 3 en 20 puntos con un azul más claro (#1B72BE) y en negritas, además, los fragmentos de código deben tener formato y estas coloreados debidamente, por otro lado, tenemos estilos específicos para texto en negritas, viñetas, sangrado, márgenes entre elementos, etc, etc, etc. Te aseguro si nos piden todas estas reglas de formato y no existe una persona que revise que se cumplan, los documentos van a salir "a como dios nos dé a entender", es decir, con una serie inmensa de faltas de formato y estilo.

Los estilos son sin duda una de las ventajas más claras de la DaC, ya que en un documento de tipo Markdown no es necesario poner estilos, al contrario, solo le indicamos de que tipo de elemento es cada cosa, por ejemplo, solo es necesario decir si es un título 1, titulo 2, si es una lista, una tabla, etc. y el procesador se encargará de poner los estilos por igual a cada uno de los elementos, por lo tanto el programador solo se encarga de poner el contenido y el estilo se lo deja al procesador.

Versionamiento

El correcto control de versiones en los documentos es quizás una de las carencias más grandes de las empresas, ya que por lo general se limitan a agregar una tabla dentro del mismo documento donde se describe el control de cambios, es decir, quien lo modifico, en qué fecha y una descripción corta del cambio, sin embargo, si fuera necesario recuperar una versión determinada de ese documento, lo más seguro es que no exista.

Pero no el problema no se limita solo al documento final, sino también a todos los documentos secundarios necesarios para generar el primero, estamos hablando de tablas, gráficos, diagramas, imágenes, documentos secundarios o adjuntos, etc.

Como lo mencionamos antes, DaC permite que la documentación sea parte del mismo repositorio del proyecto, por lo que este se versiona al igual que se hace con el código, lo que hace posible que sea rastreable y poder tener todas las versiones publicadas de los documentos. De la misma forma, es posible saber quién y que cambios realizo exactamente.

Publicación

La publicación o distribución de estos documentos también puede ser otro problema, ya que por lo general estos documentos viven almacenados en las máquinas de los programadores y con un poco de suerte, en un repositorio de documentos donde los interesados pueden leerlos, sin embargo, esto no garantiza que el documento publicado sea el último, ya que por lo general, se publica una versión determinada a petición de laguna persona en particular, pero si esta persona ya no tiene el interés en publicar nuevas versiones, el documento se va quedando desactualizado.

Cuando utilizamos DaC es posible delegar la generación de la documentación a procesos automáticos como CI/DI para que detecten los cambios en los repositorios, procesen los documentos y publiquen las nuevas versiones, logrando tener publicadas todas las versiones sin excepción y al momento en que se hace un commit al repositorio.

Desventajas

Hasta el momento solo hemos habla bien de la DaC, pero esta también tiene un lado malo que es importante conocer para tomar la mejor decisión al momento de implementarla.

Curva de aprendizaje

Lo primero que debemos de tomar en cuenta es que, como su nombre lo indica, requerirá un poco de código, pero no un código pesado como aprender un nuevo lenguaje de programación o como crear pruebas unitarias, más bien es un lenguaje simple, pero requerirá una pequeña curva de aprendizaje.

Poca flexibilidad

Hace un instante hablábamos de que la generación de estilos es una de las partes fuertes de este tipo de herramientas, pero eso también tiene un lado obscure que no es precisamente malo, pero que es importante conocer, y es que al tratase de documentos generados mediante código, estos suelen ser rígidos en cuento a estilos y formato, porque todas las tablas lucieran igual, todos los párrafos igual, todas la viñetas igual, lo que nos limita un poco la creatividad para personalizar alguna sección en particular. Eso no quiere decir que no sea posible personalizar lo estilos, al contrario, es posible hacerlo a una gran escala, el detalle es que se aplican por igual a todos los elementos del mismo tipo.

Al igual que con las secciones de los documentos, con los diagramas pasará lo mismo, ya que los generará en fundición de como considere que se vean u organicen mejor, lo que puede ser un poco frustrante, sobre todo si sufres del trastorno obsesivo compulsivo (jeje) y quieres que un elemento se coloque en alguna posición específica o quieres que un conector (relación) pase por algún lugar en particular para que se vea mejor.

Nota: esto no es algo precisamente malo, ya que como veremos más adelante, sacrificamos un poco de flexibilidad a cambio de agilidad.

Configuración

Generar documentos mediante código es simple, pero conlleva montar un ambiente parecido al de un desarrollador, por que requerimos herramientas que nos ayuden a ir previsualizando el resultado antes de publicarlo, lo cual puede llegar a ser un poco frustrante al inicio, sobre todo si lo comparas con usar Word o Google Docs, que vas viendo el resultado a medida que lo vas escribiendo.

Si bien existen algunas herramientas como Visual Studio Code, Typora u Obsidian, entre otras que permite previsualizar el resultado, siempre tocará pre-configurarlas en alguna medida.

Ejemplos de documentación como código

Para ir calentando motores y darnos una idea de que es la documentación como código, lo mejor es ver algunos ejemplos.

Imagina que quieres crear un documento con un título 1, un título 2 y unas viñetas:

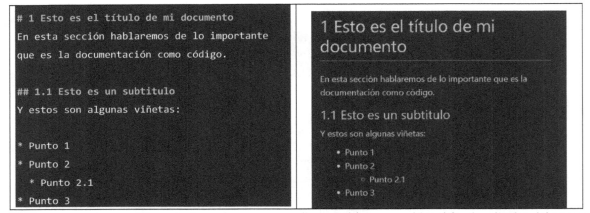

Toma en cuenta que el formato lo podemos personalizar, podríamos cambiar el fondo, el color del texto o el tipo de fuente.

Pero para ir poniendo esto cada vez mejor, qué tal si necesitas una tabla:

O que tal un diagrama de secuencia de UML:

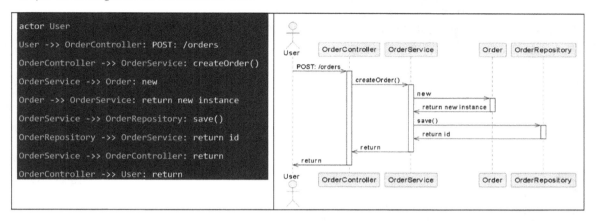

```
actor User

User ->> OrderController: POST: /orders

OrderController ->> OrderService: createOrder()

OrderService ->> Order: new

Order ->> OrderService: return new instance

OrderService ->> OrderRepository: save()

OrderRepository ->> OrderService: return id

OrderService ->> OrderController: return

OrderController ->> User: return
```

¿O que tal un diagrama de clases?

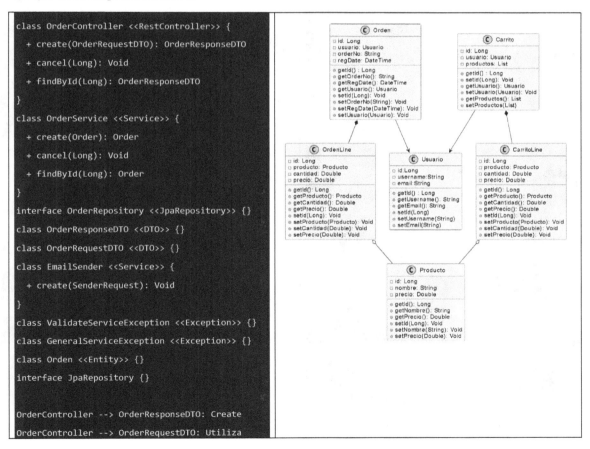

```
class OrderController <<RestController>> {

  + create(OrderRequestDTO): OrderResponseDTO

  + cancel(Long): Void

  + findById(Long): OrderResponseDTO

}
class OrderService <<Service>> {

  + create(Order): Order

  + cancel(Long): Void

  + findById(Long): Order

}
interface OrderRepository <<JpaRepository>> {}

class OrderResponseDTO <<DTO>> {}

class OrderRequestDTO <<DTO>> {}

class EmailSender <<Service>> {

  + create(SenderRequest): Void

}
class ValidateServiceException <<Exception>> {}

class GeneralServiceException <<Exception>> {}

class Orden <<Entity>> {}

interface JpaRepository {}


OrderController --> OrderResponseDTO: Create

OrderController --> OrderRequestDTO: Utiliza
```

```
OrderController --> OrderService: Utiliza
OrderService --> EmailSender: Envía emails
OrderService --> OrderRepository: Utiliza
OrderService --> ValidateServiceException: throw
OrderService --> GeneralServiceException: throw
OrderService --> Orden: Crea
OrderRepository --|> JpaRepository: Extends
```

O finalmente, ¿por qué no un diagrama de contexto del sistema?

```
Person(customer, "Customer", "Cliente del ecommerce")
System_Ext(fedexSys, "Software System", "Proveedor de
paquetería")

Enterprise_Boundary(b1, "ACME Store") {
    System(ACMEStoreSys, "ACME Store", "Aplicación web de
ventas de productos online")
    System_Ext(erpSys, "ERP", "ERP desde el cúal se
gestiona el <br>catálogo de productos e inventarios")
    System_Ext(paymentServiceSys, "PaymentService",
"Service de procesamiento de pagos")
    System_Ext(emailSenderSys, "EmailSender", "Servicio
de envío de emails")
    System_Ext(KeycloakSys, "Keycloak", "Servicio de
autenticación y autorización")
}

Rel(customer, ACMEStoreSys, "Cliente del ecommerce")
Rel(ACMEStoreSys, erpSys, "Administración de productos e
inventarios")
Rel(ACMEStoreSys, paymentServiceSys, "Procesamiento de
pagos")
Rel(ACMEStoreSys, KeycloakSys, "Autenticación y
autorización")
Rel(ACMEStoreSys, emailSenderSys, "Envío de emails y
listas de correo")
Rel(ACMEStoreSys, fedexSys, "Cotizar, programar<br>y
consultar status de envios")
```

Estos son solo un poco de los diagramas que podemos crear con este tipo de herramientas y más adelante comenzaremos a hablar más de cómo crear estos diagramas. Otros ejemplos que se pueden hacer son:

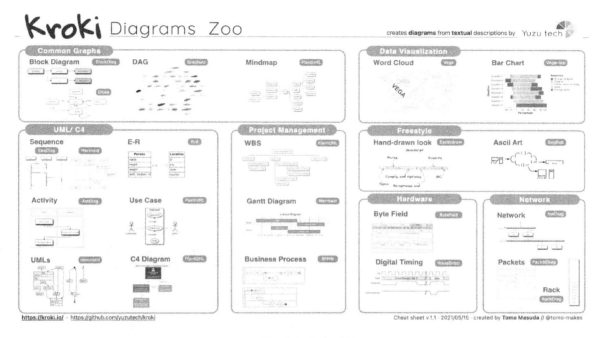

90 - Fuente kroki.io

Configurando Visual Studio Code

En un ambiente empresarial es normal que los pipelines se encarguen de generar los documentos finales, de tal forma que localmente se requieren solo un editor de código como Visual Studio Code, sin embargo, para fines de demostración en este libro y que puedas ejecutar todo el proceso en tu máquina local, vamos a instalar todo lo necesario para crear el documento, previsualizarlo y generar un documento en formato HTML con el resultado final.

Antes de hacer cualquier cosa, vamos a instalar Visual Studio Code, el editor de código Open Source desarrollado por Microsoft y que se ha convertido en el estándar para el desarrollo de software. Lo puedes encontrar en https://code.visualstudio.com/

Una vez instalado lo abrimos para agregar algunos plugins, vamos a dar click en la sección de plugins ubicado del izquierdo:

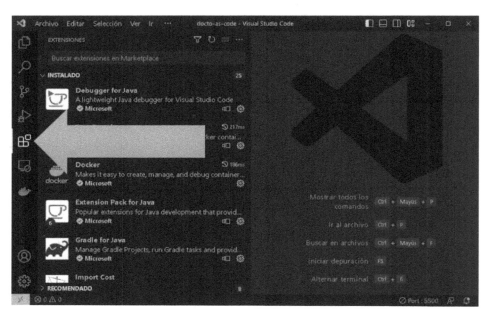

91 - Instalando plugins.

En esta sección vamos a buscar e instalar los siguiente Live Server, Markdown All in One, Markdown Kroki, Spanish – Code Spell Checker:

En el caso del plugin Spanish – Code Spell Checker existe una visión específica para cada lenguaje, por lo que, si quieres otra además de español, la puedes buscar.

Error común
Por lo general no es necesario reiniciar el editor para que tome los plugins, pero te sugiero que lo hagas, para evitar cualquier problema y podamos avanzar sin sorpresas.

El siguiente paso es descargar el código de ejemplo de este libro si no es que ya lo has descargado antes. Seguido, vamos a abrir desde Visual Studio Code la carpeta **docto-as-code**, dando click en Archivo → Abrir Carpera desde el menú principal.

Tip
Recuerda que podrás encontrar el código fuente de este libro en nuestro repositorio de GitHub: https://github.com/oscarjb1/book-documentacion-agil-de-arquitectura-software

Una vez abierta la carpera desde el editor, vamos a ir a la carpera "src" y abrimos el archivo "documento-arquitectura-acme-store.md" y damos click un pequeño ícono que tiene una lupa posicionada en la esquina superior derecha:

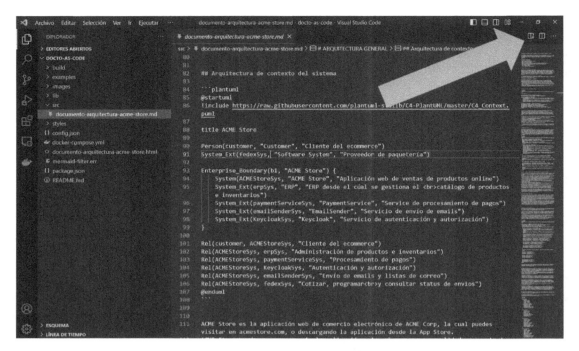

92 - Previsualizar el documento de arquitectura.

Cuando presionamos este botón se abre una sección donde podremos ir previsualizando nuestro documento, pero toma en cuenta que esto es solo un preview y no es como se verá al final, pues falta aplicar estilos para generar el resultado final.

93 - Previsualización del documento.

Un detalle importante a tomar en cuenta es que para poder previsualizar el documento es necesario contar con una conexión a internet para generar los diagramas, al menos en este momento, pues los diagramas son generados por medio de un servicio expuesto por https://kroki.io, que es precisamente uno de los plugins que instalamos. Mas adelante, veremos como instalar una infraestructura local para no depender de este servicio, ya que, al ser un servicio público y gratuito, limita el número de solicitudes que le podemos enviar, lo cual puede ser un problema en un ambiente empresarial.

Introducción a Markdown

Markdown es un lenguaje de marcado ligero diseñado para crear contenido con formato fácilmente legible y convertible en otros formatos, como HTML. Fue creado por John Gruber en 2004 con el objetivo de permitir la escritura de contenido en texto plano que pudiera ser convertido fácilmente a HTML sin necesidad de conocimientos de programación.

Markdown se basa en la idea de que el formato de un documento debe ser separado del contenido. En lugar de utilizar etiquetas HTML, Markdown utiliza una sintaxis sencilla y fácil de aprender para indicar el formato del texto. Por ejemplo, un texto rodeado de asteriscos se convierte en cursiva, y un encabezado se indica colocando un numeral (#) antes del texto del encabezado.

Antes de comenzar con esta sección, he dejado todos los ejemplos que estamos por ver en el archivo llamado "**examples /syntax.md**", para que lo puedas abrir y comiences a jugar un poco con Markdown.

Encabezados

Comenzaremos por los básico, si queremos definir un encabezado H1, H2, H3, H4, H5 o H6, solo basta con anteponer el número adecuado de # (numeral) antes del texto, por ejemplo, para un H1, ponemos "# Estos es un H1", o para poner un H3 podemos poner "### Esto es un H3", y así sucesivamente hasta el H6.

94 - Sintaxis para los encabezados.

Los encabezados se convertirán en etiquetas <h1>, <h2>, <h3>, <h4>, <h5>, <h6> respectivamente.

Párrafos

Por default un párrafo es cualquier bloque de texto que no tenga ningún carácter al inicio, por ejemplo:

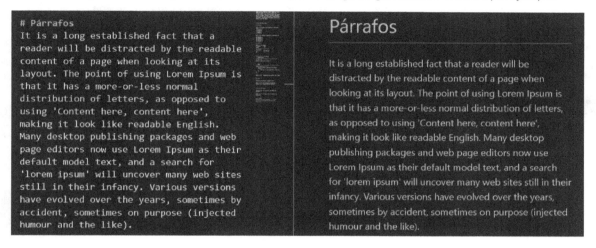

95 - Párrafos en Markdown.

Todo el texto que se genere como párrafos estará dentro de una etiqueta <p>

Estilos de texto

También es posible agregar texto en itálica y en negritas, rodeando el texto con uno o dos asteriscos (respectivamente).

96 - Agregar negritas y texto en itálica.

El texto en itálica es convertido en elementos de tipo <em>, mientras que el texto en negritas a <strong>.

Citas

Las citas son cajas especiales para agregar alguna cita o un texto que queremos que resalte del resto, para esto, solo falta que agreguemos el carácter ">" antes del texto para que se muestre el texto como una cita.

97 - Citas en markdown (Blockquotes)

El texto marcado como cita se genera dentro de una etiqueta <blockquote>

Viñetas

Para el caso de las viñetas, es posible agregar dos tipos, las numéricas o las no numéricas, para agregar una lista no numerada solo basta con comenzar la línea con alguno de estos caracteres (*, -, +) y en el caso de viñetas numeradas, solo hay que comenzar con el número de la viñeta seguido de un paréntesis de cierre ")", por ejemplo 1), 2), etc.

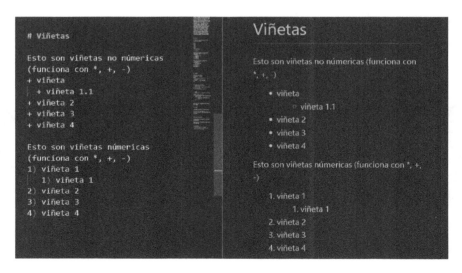

98 - Uso de viñetas en markdown.

Las viñetas son convertidas en listas cuando pasan a HTML, si es una lista numerada pasa como una etiqueta <ol>, mientras que, si es una lista no numerada, pasa como una etiqueta <ul>, además, independientemente del tipo de lista, todos los elementos de la lista se convierten en elementos <li>.

Links

Los links son también parte importante de cualquier documento, por esto, markdown también permite agregar vinculo o links mediante la sintaxis [texto](url), donde el texto es como aparecerá el link en el documento, mientras que la url es a donde direccionará al usuario al darle click.

99 - Uso de links con Markdown.

Los links son convertidos en etiquetas de tipo <a> cuando es generado el documento HTML.

Imágenes

Las imágenes se agregan mediante la siguiente sintaxis ![texto](url, tooltip), donde texto representa el texto alternativo de la imagen, el cual aparece en caso de que la imagen no exista o no pueda ser enlazada, url es la dirección donde se encuentra la imagen, y tooltip es el texto de ayuda que sale cuando ponemos el mouse sobre la imagen.

100 - Imágenes con Markdown.

Las imágenes son convertidas en elementos de tipo <img> cuando se genera el documento HTML.

Fragmentos de código

Los fragmentos de código son una de las partes más importantes que nos atañen en este libro, pues por este medio que podemos crear bloques de código con formato y colores, tal como si los viéramos directamente en un IDE.

101 - Fragmentos de código.

Markdown permite dos tipos de fragmentos de código, los fragmentos en línea y en bloque, Los fragmentos en línea son fragmentos pequeños que se incrustan como parte de un párrafo, tal como podemos ver al final de la imagen anterior. Para crear un fragmento en línea solo es necesario rodear el texto deseado entre comillas simples (`). Estos fragmentos se convertirán en elementos de tipo <code> cuando pasen a HTML.

Por otro lado, los fragmentos de bloque son aquellos que se utilizan para múltiples líneas y que por lo general van asociados a un lenguaje en particular. Para declarar un bloque de este tipo es necesario rodera el texto deseado en 3 (```) comillas simples. Adicional a esto, es posible poner indicar el lenguaje seguido de las comillas de inicio. Los bloques de código se convierten en fragmentos de tipo <pre><code></code></pre>, es decir, una etiqueta <code> dentro de otra <pre>.

Cabe mencionar que para que Markdown le dé el formato adecuado según el lenguaje, es necesario diferentes complementos que soporten el lenguaje deseado.

Diagramas

Los diagramas en Markdown no son más que fragmentos de código de bloque con un plugin que es capaz de interpretarlos y generar imágenes a partir de estos. Para esto, los procesadores de markdown se basan en el tipo de bloque para determinar el plugin que deberán utilizar para generar la imagen.

Por ejemplo, si queremos agregar un bloque de código Java, tenemos que agregar un bloque como el siguiente: ```java, si queremos agregar un bloque de código de Python, tendríamos que agregar otro así ```python, de esta misma forma, los procesadores han agregado nuevos lenguajes que permiten distinguir el tipo de diagrama que queremos mostrar, por ejemplo, si queremos un diagrama de clases, basta con poner un bloque como el siguiente:

102 - Diagrama de clases.

En el ejemplo anterior notaras que hemos comenzado el bloque de código con ```plantuml, lo que quiere decir que el bloque de código debe de ser procesado con un plugin especial para este tipo de bloques, que, en este caso, plantuml es una librería Open Source para la creación de diagramas como código (https://plantuml.com/es/).

De la misma forma que existen diagramas plantuml, existe Kroki, que soporta 25 librerías para diferentes tipos de diagramas. La lista de librerías soportadas las puedes consultar en https://kroki.io/#support.

Plantuml

Si bien, Kroki soporta una gran cantidad de tipos de diagramas, en este libro nos centraremos en Plantuml, ya que proporciona todos los diagramas que nos interesa para documentar una arquitectura de software. Hablando concretamente, vamos a requerir los diagramas de clases, secuencia y los diferentes diagramas del modelo C4.

Tip
Antes de avanzar en esta unidad, te recomiendo que te des una vuelta por la página oficial de Plantuml para que te des una idea de toda la gama de diagramas que se pueden generar y que veas algunos ejemplos de cómo se generan, para que te des una idea de lo que viene en este libro. https://plantuml.com/es/

Diagrama de clases

Cuando hablamos de diagramas de clases, existen básicamente 3 tipos de elementos que podemos representar, que son: clases (clases, interfaces, clases abstractas, anotaciones, etc), relaciones (agregación, composición, asociación, herencia) y modificadores de acceso o visibilidad (private, protected, package, public).

Tip
Para fines prácticos, utilizaremos el termino de clase para referirnos a una clase, clase abstracta, interface, anotación o cualquier otro tipo de estructura.

Las clases se definen como lo haríamos en Java, es decir, ponemos el modificar de acceso, el tipo de clase (clase, abstracta, interface, etc) y finalizamos con el nombre de la clase:

103 - Definición de clases con Plantuml.

Las clases también pude contener propiedades o métodos, que se colocan dentro de la clase. La diferencia fundamental entre una propiedad y un método es la sintaxis, ya que una propiedad es el tipo de dato seguido de nombre, mientras que un método se compone del nombre del método y par de paréntesis, adicional, es posible agregar parámetros al método o definir el tipo de retorno, que se agrega después de los dos puntos.

104 - Propiedades y método de las clases.

Por otro lado, las propiedades y métodos pueden definir su visibilidad, lo que indica si es privada, protegido, de paquete o público, para esto, solo basta comenzar la definición del método o propiedad el carácter correspondiente de la siguiente tabla.

Character	Icon for field	Icon for method	Visibility
-	□	▦	private
#	◇	◇	protected
~	△	▲	package private
+	○	◉	public

105 - Modificadores de visibilidad. (https://plantuml.com/es/class-diagram)

En ejemplo del uso de los modificadores de visibilidad sería el siguiente:

106 - Modificadores de visibilidad.

Finalmente, tenemos las relaciones, las cuales nos permiten definir el tipo de relación que tiene una clase con otra, en UML tenemos diferentes tipos de relaciones, como las asociaciones, agregación, composición y herencias, cada una de estas representa un tipo de relación diferente y es importante distinguirlas:

- **Asociación**: La asociación es el tipo de relación más débil, donde una clase usa, conoce o se relaciona de alguna manera con otra clase. Se representa mediante una línea continua o punteada.

- **Composición**: Es un tipo de relación donde una clase es parte de otra, pero la existencia de la segunda no depende la primera. Esta se representa mediante una línea continua que comienza con un rombo vacío.

- **Agregación**: Este es una relación como la composición, donde una clase se compone de la otra, pero en este caso, la segunda no puede existir sin la primera. Este es un tipo de relación muy fuerte. Esta relación se representa mediante una línea continua que comienza con un rombo relleno.

- **Herencia**: Esta relación indica que una clase hereda o implementa otra cosa. Esta relación se representa mediante una línea continua con una fecha vacía al final.

Type	Symbol	Drawing
Extension	<|--	⊲—
Composition	*--	◆—
Aggregation	o--	◇—

107 - Tipos de relaciones de PlantUML (https://plantuml.com/es/class-diagram)

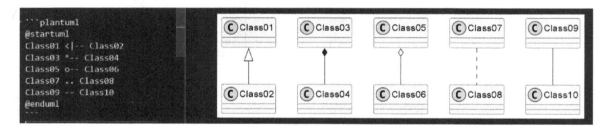

108 - Tipos de relaciones de PlantUML.

Puedes revisar la documentación completa de los diagramas de clases en la página de PlantUML https://plantuml.com/es/class-diagram

Diagrama se secuencia

Los diagramas de secuencia no es más que una serie de participantes (barras verticales) que representa elementos del sistema y líneas (horizontales) que representa la interacción. PlantUML soporta varios participantes, como actor, boundary, control, entity, database, collections.

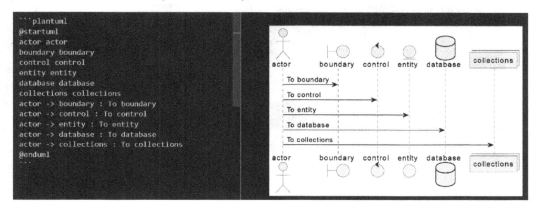

109 - Declaración de participantes de PlantUML.

Los tipos de flechas permitidas por PlantUML son:

110 - Tipos de flechas.

Otra posibilidad es definir agrupadores, que se usan para delimitar bloques condicionales o ciclos:

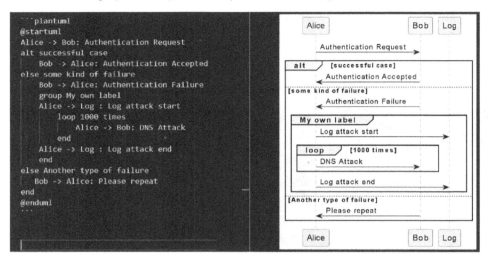

111 - Agrupadores de mensajes.

Puedes revisar la documentación completa de los diagramas de secuencia en la página de PlantUML
https://plantuml.com/es/sequence-diagram

Diagramas de C4

En esta sección hablaremos de cómo crear diagramas de C4 con ayuda de PlantUML que también soporta
diagramas de C4.

Tip
La documentación completa para generar los diagramas de C4 con
PlantUML la puedes encontrar en la siguiente dirección, la cual te
recomiendo que pases a revisarla para que te des una idea más general
de todo lo que se puede hacer.
https://github.com/plantuml-stdlib/C4-PlantUML

A diferencia del resto de diagramas, los diagramas de C4 no están integrados de forma predeterminada a PlantUML, por lo que es necesario agregarle plugin para que funcionen, sin embargo, los plugins de PlantUML no es algo que se tenga que instalar, en su lugar, solo basta con referenciarlo mediante una URL y el procesador se encargará de cargarlo. Para importar módulos usamos la instrucción "!include url" donde la url corresponde al módulo que queremos importar y debe colocarse al inicio del bloque de código.

Según el tipo de diagrama que utilicemos, será necesario importar un módulo diferente, por lo a continuación, te presento la url por tipo de diagrama:

- Contexto del sistema: https://raw.githubusercontent.com/plantuml-stdlib/C4-PlantUML/master/C4_Context.puml
- Contenedores: https://raw.githubusercontent.com/plantuml-stdlib/C4-PlantUML/master/C4_Container.puml
- Componentes: https://raw.githubusercontent.com/plantuml-stdlib/C4-PlantUML/master/C4_Component.puml
- Deployment: https://raw.githubusercontent.com/plantuml-stdlib/C4-PlantUML/master/C4_Deployment.puml
- Dynamic: https://raw.githubusercontent.com/plantuml-stdlib/C4-PlantUML/master/ C4_Dynamic.puml

Según el tipo de diagrama, serán los elementos que podremos poner, es por esto la importancia de importar el módulo adecuado según el tipo de diagrama, por ello, comenzaremos a explicar todos los posibles elementos que existen y veremos en qué tipo de diagrama se pueden utilizar, ya que utilizar un elemento no disponible producirá un error.

Elemento	Descripción	Contexto	Contenedores	Componentes	Deployment	Dynamic
Person		X	X	X	X	X
Person_Ext		X	X	X	X	X
System		X	X	X	X	X
SystemDb		X	X	X	X	X
SystemQueue		X	X	X	X	X
System_Ext		X	X	X	X	X
SystemDb_Ext		X	X	X	X	X
SystemQueue_Ext		X	X	X	X	X
Boundary		X	X	X	X	X
Enterprise_Boundary		X	X	X	X	X
System_Boundary		X	X	X	X	X
Container			X	X	X	X
ContainerDb			X	X	X	X
ContainerQueue			X	X	X	X
Container_Ext			X	X	X	X
ContainerDb_Ext			X	X	X	X
ContainerQueue_Ext			X	X	X	X
Container_Boundary			X	X	X	X
Component				X	X	X
ComponentDb				X	X	X

ComponentQueue				X	X	X
Component_Ext				X	X	X
ComponentDb_Ext				X	X	X
ComponentQueue_Ext				X	X	X
Deployment_Node o Node						X
						X

Podrás notar que existen familias de elementos, es decir todos aquellos que comienzan igual, por ejemplo, System, System_Ext, SystemDb, SystemQueue_Ext, todos estos elementos comparten exactamente la misma estructura, pero al final todo son System, solo que se crean variantes para distinguirlos de forma visual, sin embargo, reciben los mismos parámetros, por lo que explicaremos el elemento principal de cada uno, ya que lo podemos aplicar al resto:

- Person(alias, label, ?descr, ?sprite, ?tags, ?link, ?type)
- System(alias, label, ?descr, ?sprite, ?tags, ?link, ?type)
- Boundary(alias, label, ?type, ?tags, ?link)
- Enterprise_Boundary(alias, label, ?tags, ?link)
- Container(alias, label, ?techn, ?descr, ?sprite, ?tags, ?link)
- Container_Boundary(alias, label, ?tags, ?link)
- Component(alias, label, ?techn, ?descr, ?sprite, ?tags, ?link)
- Deployment_Node(alias, label, ?type, ?descr, ?sprite, ?tags, ?link)

* Los parámetros que comienza con ? son opcionales

Ahora bien, los explicaremos para qué es cada parámetro por nombre:

- Alias: Es el identificador de cada elemento, es obligatorio y deberá ser único en todo el diagrama.
- Label: Es el texto con el que aparecerá el componente dentro del diagrama.
- Descr: Es una breve descripción del elemento que acompaña al nombre.
- Sprite: PlanUML permite personalizar el ícono de los elementos mediante el Sprite, sin embargo, en este libro no lo cubriremos.
- Tags: Es posible definir etiquetes que heredan comportamiento. Queda fuera del alcance de este libro.
- Techn: Indica la tecnología en la que está construida el elemento.
- Link, es posible ligar un elemento con una URL, ya sea para llevarlo a otro documento o un link externo.

Finalmente, tenemos las relaciones, que permiten relacionar los elementos con flechas para darle sentido al diagrama. Existen básicamente dos relaciones, las relaciones unidireccionales y las bidireccionales, la primera es una fecha de un solo sentido, mientras que las bidireccionales es una relación con doble flecha, indicando que existe una relación o comunicación en ambos sentidos. Las relaciones se definen la siguiente manera:

- Rel(from, to, label, ?techn, ?descr, ?sprite, ?tags, ?link)
- BiRel(from, to, label, ?techn, ?descr, ?sprite, ?tags, ?link)

Solo es obligatorio dos parámetros, que corresponde a los dos alias de los elementos que estamos relacionando. Toma en cuenta que el orden de los elementos es importante, sobre todo en la unidireccional, pues las fecha va del primero al segundo. El resto de parámetros son los que vimos antes.

De forma predeterminada PlantUML trata de organizar las relaciones como crea más conveniente, por lo que la relación podría salir de cualquier parte random del componente, por eso, podemos intervenir un poco indicando de qué lado queremos que salga la relación con las siguientes variantes:

Arriba (Up)	Rel_U	BiRel_U
Abajo (Down)	Rel_D	BiRel_D
Izquierda (Left)	Rel_L	BiRel_L
Derecha (Right)	Rel_R	BiRel_R

Explicadas las reglas generales, vamos a comenzar a ver los diagramas

Diagrama de contexto

El diagrama se compone de las siguientes secciones:

- Nota que lo primero es importar el módulo para diagramas de contexto, ya que, sin este, el procesador marca error al no saber cómo interpretar los elementos de este diagrama.
- Definimos un título a la imagen, que será representada al comienzo de la imagen.
- Agregamos una Persona (Customer) y un Sistema (Fedex) al nivel más alto del diagrama, es decir, fuera de cualquier límite.
- Definimos el límite de la aplicación ACME Store (Enterprise_Boundary) el cual contiene el sistema ACME Store y una serie de sistemas externos.
- Finalmente, dejamos para el final las relaciones (Rel) donde unimos cada una de las cajas para que el diagrama tome forma.

```plantuml
@startuml
!include https://raw.githubusercontent.com/plantuml-stdlib/C4-PlantUML/master/C4_Context.puml


title ACME Store


Person(customer, "Customer", "Cliente del ecommerce")
System_Ext(fedexSys, "FEDEX", "Proveedor de paquetería")


Enterprise_Boundary(b1, "ACME Store") {
```

```
    System(ACMEStoreSys, "ACME Store", "Aplicación web de ventas de productos online")
    System_Ext(erpSys, "ERP", "ERP desde el cúal se gestiona el <br>catálogo de productos e inventarios")
    System_Ext(paymentServiceSys, "PaymentService", "Service de procesamiento de pagos")
    System_Ext(emailSenderSys, "EmailSender", "Servicio de envío de emails")
    System_Ext(KeycloakSys, "Keycloak", "Servicio de autenticación y autorización")
}

Rel(customer, ACMEStoreSys, "Cliente del ecommerce")
Rel(ACMEStoreSys, erpSys, "Administración de productos e inventarios")
Rel(ACMEStoreSys, paymentServiceSys, "Procesamiento de pagos")
Rel(ACMEStoreSys, KeycloakSys, "Autenticación y autorización")
Rel(ACMEStoreSys, emailSenderSys, "Envío de emails y listas de correo")
Rel(ACMEStoreSys, fedexSys, "Cotizar, programar<br>y consultar status de envios")
@enduml
```

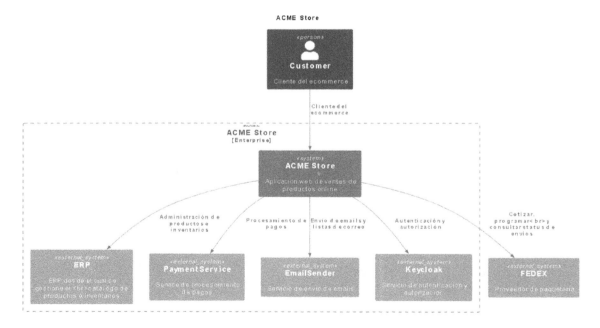

112 - Resultado del código anterior.

Diagrama de contenedores

Si prestamos atención en este diagrama, es prácticamente igual al diagrama de contexto del sistema, al menos en su estructura, pues tenemos:

- La importación del módulo de diagramas de contenedores
- El título del diagrama
- Una persona y una serie de sistemas externos definidos a lo más alto del diagrama y fuera de cualquier límite.
- Agregamos un límite de contenedor (Container_Boundary) para agrupar los contenedores que conforman el sistema de ACME Store, en este caso, la página web, la app móvil, base de datos, etc.
- Finalmente, dejamos para el final las relaciones donde relacionamos cada uno de los elementos, pero al tratarse de un diagrama de contenedores, agregamos algunos parámetros adicionales para indicar la tecnología o protocolo empleado para la comunicación.

```plantuml
@startuml
 !include https://raw.githubusercontent.com/plantuml-stdlib/C4-PlantUML/master/C4_Container.puml
 title Diagrama de contenedores del sistema ACME Store
 Person(customer, "Customer", "Cliente del ecommerce")
 System_Ext(paymentServiceSys, "PaymentService", "Servicio para el procesamiento de pagos")
 System_Ext(erpSys, "ERP", "Gestión de productos e inventarios")
 System_Ext(emailServiceSys, "EmailService", "Servicio de envío de emails<br>y listas de correo")

 Container_Boundary(cb1, "ACME Store") {
   Container(acmeStoreWebsiteContainer, "ACME Store Website", "Aplicación web para la venta en línea")
   Container(acmeStoreAppContainer, "ACME Store App", "Aplicación nativa de iOS para la venta en línea")
   Container(acmeStoreAPIContainer, "ACME Store API", "API REST para la consulta y creación de pedidos")
   ContainerQueue(emailQueue, "Email Queue", "Bus de mensajes en Kafka")
   Container(acmeStoreETLContainer, "ETL", "Proceso de extracción de productos e inventarios")
   ContainerDb(acmeStoreDB, "ACME Store database", "DB donde se guarda todos los pedidos")
   ContainerDb(etlTempDatabase, "ETL Temp database", "Almacenamiento temporal para el proceso del ETL")
 }

 Rel(customer, acmeStoreWebsiteContainer, "Crea y consulta pedidos", "JSON/HTTP")
 Rel(customer, acmeStoreAppContainer, "Crea y consulta pedidos", "JSON/HTTP")
 Rel(acmeStoreWebsiteContainer, acmeStoreAPIContainer, "Delega la creación del pedido", "JSON/HTTP")
 Rel(acmeStoreAppContainer, acmeStoreAPIContainer, "Delega la creación del pedido", "JSON/HTTP")
 Rel(emailServiceSys, emailQueue, "Consumo de mensajes", "AMQP")
```

```
Rel(acmeStoreAPIContainer, acmeStoreDB, "Guarda/Consulta pedidos", "TCP/IP")

Rel(acmeStoreAPIContainer, emailQueue, "Almacena mensajes para enviar emails", "AMQP")

Rel(acmeStoreAPIContainer, paymentServiceSys, "Programa la entrega de pedidos", "JSON/HTTP")

Rel(acmeStoreAPIContainer, erpSys, "Sincroniza los pedidos", "JSON/HTTP")

Rel(acmeStoreETLContainer, etlTempDatabase, "Envía datos de productos e inventarios", "TCP/IP")

Rel(acmeStoreETLContainer, acmeStoreDB, "Almacenamiento temporal de procesamiento", "TCP/IP")

@enduml
```

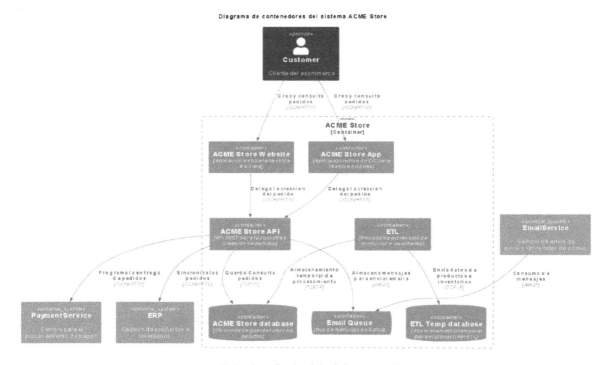

113 - Resultado del código anterior.

Diagrama de componentes

Otro diagrama muy parecido en estructura a los demás, con la diferencia del módulo que importamos para diagrama de componentes y desde luego, el tipo de elementos que podemos ver en este diagrama.

- Importamos el módulo de diagramas de componentes
- Definimos el título del diagrama
- Definimos algunos contenedores a lo más alto del diagrama y fuera de cualquier límite.
- Agregamos un límite contenedor (Container_Boundary) y agregamos dentro todos los componentes que conforman el contenedor y aprovechamos para agregar las relaciones que existen entre los elementos dentro del mismo contenedor.
- Terminamos agregando todas las relaciones para darle forma al diagrama.

```plantuml
@startuml
 !include https://raw.githubusercontent.com/plantuml-stdlib/C4-PlantUML/master/C4_Component.puml

 title Diagrama de componentes del contenedor ACME Store API
 Container(website, "ACEM Store Website", "Versión web del ecommerce", "React")
 Container(app, "ACEM Store App", "Versión nativa iOS", "Swift")
 System_Ext(keycloak, "Keycloak", "Control de acceso")
 System_Ext(paymentService, "PaymentService", "Servicio para el procesamiento de pagos")
 Container_Boundary(apiBundle, "ACME STore API") {
   Component(userController, "UserController", "Provee los servicios REST de usuarios")
   Component(productController, "ProductController", "Provee los servicios REST de productos")
   Component(carController, "CarController", "Provee los servicios REST del carrito de compras")
   Component(orderController, "OrderController", "Provee los servicios REST de ordenes")

   Component(userService, "UserService", "Provee la lógica de negocio de usuarios")
   Component(productService, "ProductService", "Provee la lógica de negocio productos")
   Component(carService, "CarService", "Provee la lógica de negocio del carrito de compras")
   Component(orderService, "OrderService", "Provee la lógica de negocio de ordenes")

   Component(userRepository, "UserRepository", "Lógica de acceso a datos")
   Component(productRepository, "ProductRepository", "Lógica de acceso a datos")
   Component(carRepository, "CarRepository", "Lógica de acceso a datos")
   Component(orderRepository, "OrderRepository", "Lógica de acceso a datos")

   Rel(userController, userService, "Delega la ejecución")
   Rel(productController, productService, "Delega la ejecución")
   Rel(carController, carService, "Delega la ejecución")
   Rel(orderController, orderService, "Delega la ejecución")
   Rel(userService, userRepository, "Acceso a datos")
   Rel(productService, productRepository, "Acceso a datos")
```

```
    Rel(carService, carRepository, "Acceso a datos")
    Rel(orderService, orderRepository, "Acceso a datos")
}


ContainerDb_Ext(storeDb, "ECME Store Database", "Base de datos del API del ecommerce", "MySQL")

Rel(website, userController, "")
Rel(website, productController, "")
Rel(website, carController, "")
Rel(website, orderController, "")
Rel(app, userController, "")
Rel(app, productController, "")
Rel(app, carController, "")
Rel(app, orderController, "")


Rel(userRepository, storeDb, "")
Rel(productRepository, storeDb, "")
Rel(carRepository, storeDb, "")
Rel(orderRepository, storeDb, "")
@enduml
```
```

# Diagrama de dinámicos

Los diagramas dinámicos son esencialmente iguales al resto, por lo que no entraremos más en detalles, solo te comentaré que en este podemos agregar prácticamente cualquier tipo de elemento.

```plantuml
@startuml
!include https://raw.githubusercontent.com/plantuml-stdlib/C4-PlantUML/master/C4_Dynamic.puml

Person(usuario, "Usuario", "Usuario del ecommerce")
Container_Boundary(acmeStore, "ACME Store") {
  System_Ext(keycloak, "Keycloak", "Proveedor de autenticación")
  Container(website, "ACME Store Website", "Aplicación web", "React")
```
```

```
}

Container_Boundary(apiBoundary, "ACME Store API") {
  Component(securityContext, "SecurirtyContext", "Spring Security")
  Component(userController, "UserController", "SpringBoot Controller")
  Rel(securityContext, userController, "8. Consulta datos de la cuenta", "JSON/HTTP")
}

Rel(usuario, website, "1. Accede a la página", "HTTP/HTML")
Rel(website, keycloak, "2. Redirecciona al usuario<br>para autenticarlo", "HTTP/HTML")
Rel(usuario, keycloak, "3. Se firma con<br>usuario y password", "HTTP/HTML")
Rel(keycloak, usuario, "4. Autnetica, envía token<br>redirecciona al ecommerce", "HTTP/HTML")
Rel(usuario, website, "5. Accede a la página de inicio", "HTTP/HTML")
Rel(website, securityContext, "6. Consilta datos de la cuenta", "JSON/HTTP")
Rel(securityContext, keycloak, "7. Valida el token del usuario", "JSON/HTTP/OpenID Connect")
Rel(securityContext, userController, "8. Consulta datos de la cuenta", "JSON/HTTP")
Rel(securityContext, website, "9. Retorna datos de la cuenta", "JSON/HTTP")
@enduml
```

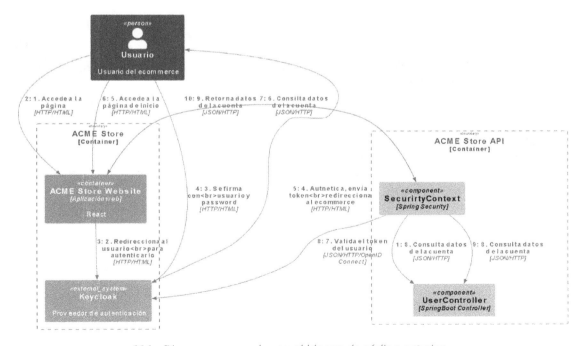

114 - Diagrama generado con el bloque de código anterior.

Diagrama de despliegue

Finalmente, un ejemplo más de un diagrama de despliegue, aunque en este caso, vemos un nuevo tipo de elemento, que son los Nodo o Deployment_Node, que pueden ser utilizadas para representar maquinas físicas o virtuales o servidores de aplicaciones sobre las que corren las aplicaciones.

```plantuml
@startuml
!include https://raw.githubusercontent.com/plantuml-stdlib/C4-PlantUML/master/C4_Deployment.puml

title Diagrama de despliegue

Deployment_Node(websiteNode, "ACME Store Website", "Firebase") {
  Container(webapp, "ACME Store Website", "Aplicación web de comercio electrónico")
}

Deployment_Node(appNode, "ACME Store App", "App Store") {
  Container(app, "ACME Store Website", "Aplicación App de comercio electrónico")
}

Deployment_Node(acmeStore, "ACME Store Corp", "Infraestructura OnPremise") {
  Deployment_Node(dbNode, "acmestore-db-01") {
    Deployment_Node(mysqlNode, "MySQL - Master") {
      Container(acmeStoreDb, "ACME Store DB", "Base de datos de ACME Store API")
    }
  }

  Deployment_Node(kubernetesNode, "Kurbenetes") {
    Deployment_Node(podNode, "ACME Store Corp", "Pod") {
      Container(api, "ACME Store API", "API de backend para el ecommerce")
    }
  }
}

Deployment_Node(erpNode, "ERP Cloud", "Cloud del proveedor del ERP") {
  System_Ext(erp, "ERP", "Sistema de gestión de productos<br>inventarios,pedidos")
}
```

```
Rel(webapp, api, "Llamadas REST", "JSON/HTTP")

Rel(app, api, "Llamadas REST", "JSON/HTTP")

Rel(api, acmeStoreDb, "Actualiza pedidos", "TCP/IP")

Rel(api, erp, "Llamadas REST", "JSON/HTTP")

@enduml
```
```

*115 - Diagrama generado con el bloque de código anterior.*
```

Instalando los componentes de construcción local

Al comienzo de esta unidad te contaba que los diagramas generados por el previsualizador de Visual Studio Code es en realidad usa un API que proporciona sin costo kroki.io, pero este tiene la limitante de que requiere internet, está restringido en la cantidad de solicitudes que le podríamos realizar por día, y finalmente, estamos a merced de que el servicio esté disponible, por esta razón, es normal que las compañías desplieguen su propio contenedor con todas las dependencias y así mitigar todos estos problemas, por ese motivo, en esta unidad vamos aprender a instalar todos los componentes necesarios para montar un ambiente totalmente funcional en nuestra máquina local, aunque desde luego que lo podrías replicar para un servidor.

Los componentes necesarios son los siguientes:

- **Docker + Docker Compose**: Docker es el motor para ejecutar contenedores más utilizado y es necesario para correr Kroki, la herramienta que utilizaremos para generar los diagramas. Puedes encontrar el procedimiento de instalación en https://docs.docker.com/engine/install/

Para validar que la instalación sea correcta, podemos validarla mediante los siguientes comandos, "docker –versión" y "docker-compose –version"

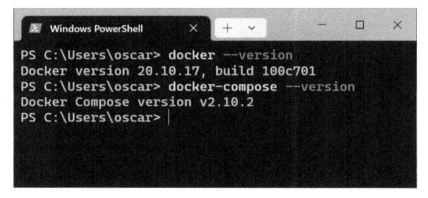

116 - Validación de la instalación de Docker y Docker Compose

Toma en cuenta que la versión de los componentes no tiene que coincidir exactamente, ya que según el día en que lo instales, puede que salgan nuevas versiones, pero al menos deberías que aparece en las imágenes.

Si algún componente no es reconocido por el sistema operativo, será necesario revisar nuevamente la documentación y asegurarse de que todos los componentes estén en el path del sistema operativo.

Error común

Docker y Docker Compose se instalan juntos en Windows, pero en MacOS o Linux esto no siempre es así y hay que instarlos por separado.

Una vez validada la instalación, abriremos una nueva terminal y nos ubicamos en la carpeta del repositorio, justo a la altura en donde se encuentra el archivo **docker-compose.yaml** y ejecutamos el comando el comando "**docker-compose up kroki**":

117 - Ejecutando el contenedor de Kroki.

El comando anterior comenzará la ejecución de kroki, por lo que la primera vez podría tardar un poco, ya que requiere descargar la imagen del contenedor desde internet. Toma en cuenta que kroki se ejecuta sobre el puerto 8000 por lo que tendrá que estar disponible, otro caso, se podría configurar desde el archivo docker-compose.yaml.

Si todo sale bien, deberíamos de poder ver Kroki funcionando desde nuestro navegador en la siguiente dirección: http://localhost:8000

Error común

Es importante no cerrar la terminal desde la cual se ejecutó el contenedor de kroki, de lo contrario se detendrá el servicio.
Si queremos ejecutar el servicio en segundo plano para poder cerrar la terminal de forma segura, podemos agregar el parámetro -d al final del comando "docker-compose up kroki -d" y para detenerlo usamos el comando "docker-compose stop".

Kroki

Creates **diagrams** from **textual** descriptions!

Kroki provides a unified API with support for BlockDiag (BlockDiag, SeqDiag, ActDiag, NwDiag, PacketDiag, RackDiag), BPMN, Bytefield, C4 (with PlantUML), D2, DBML, Diagrams.net (experimental), Ditaa, Erd, Excalidraw, GraphViz, Mermaid, Nomnoml, Pikchr, PlantUML, Structurizr, SvgBob, UMLet, Vega, Vega-Lite, WaveDrom and WireViz... and more to come!

Versions

Service	Version
/actdiag	3.0.0
/bpmn	10.3.0
/pikchr	7269f78c4a
/nwdiag	3.0.0
/c4plantuml	1.2022.14
/rackdiag	3.0.0
/dot	3.0.0
/d2	undefined
/mermaid	9.3.0
/erd	0.2.1.0
/graphviz	3.0.0
/vegalite	5.6.0
/ditaa	1.0.3
/umlet	15.0.0
/diagramsnet	16.2.4

118 - Kroki funcionando desde el navegador.

Finalmente, solo resta decirle a Visual Studio Code que utilice nuestro servicio local en lugar de usar el servicio público, para esto, regresamos a la sección de plugins de Visual Studio Code, ubicamos la sección de plugins instalados y seleccionamos el plugin **Markdown Kroki**, y damos click en un pequeño engrane que justo debajo del nombre del plugin, y damos click en la opción "Configuración de la extensión":

119 - Configurando la extensión de Kroki.

En la sección de configuración, cambiamos la URL **https://kroki.io** por **http://localhost:8000**, y reiniciamos el editor para asegurarnos de que los cambios se reflejen correctamente.

Error común

Es super importante reiniciar el editor, de lo contrario, hay ocasiones en las que el plugin de kroki no toma los cambios, además, una vez reiniciado, regreso a la sección de la configuración para asegurarnos de que ya se refleje el cambio.

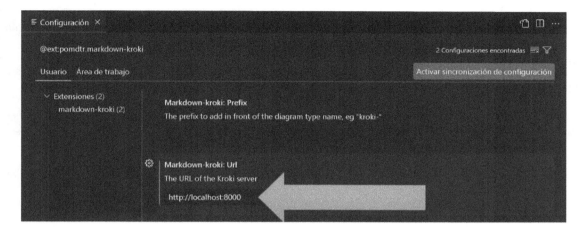

120 - Configurando el complemento de Kroki 2/2.

Una vez reiniciado el editor, podemos probar la nueva configuración desconectando la computadora de internet y validar que el previsualizador sigue funcionando sin problema.

Publicar la documentación

Bueno, ha llegado el momento de la verdad, cuando toca ahora sí, generar el documento final para poder publicar la documentación, pero como todo lo bueno cuesta, tendremos que sufrir con unos pasos más para lograrlo.

En este sentido, nos faltan dos cosas para tener nuestra documentación lista, la primera es agregar los estilos finales a nuestro documento y finalmente procesar el markdown para generar el documento final.

Agregar estilos al documento

Al comienzo de esta unidad te contaba que markdown es un lenguaje de marcado simple que tiene como principal objetivo generar documentos HTML, en este sentido, markdown pretende separar el contenido de los estilos, por esta razón, cada previsualizador mostrará los elementos HTML como mejor le parezca, como es el caso de Visual Studio Code, el cual muestra un previsualizado en dark mode, pero quizás eso no es lo que esperamos, también puede ser que queramos una fuente diferente, tamaños de letras y márgenes personalizados, pues bueno, eso y varias cosas más las podemos ajustar mediante estilos.

Como ya te conté inicialmente, el documento se convertirá en HTML por lo que para poder aplicar estilos es necesario un poco de CSS, para esto yo he agregado unos estilos básicos en el archivo "styles/styles.css".

Para poder aplicar los estilos adecuadamente es importante comprender qué tipo de elemento genera markdown para cada uno de los elementos de su sintaxis, es por ello que te lo mencioné al comienzo de esta unidad.

Toma en cuenta que de momento no podrás ver reflejamos los estilos, pues estos son tomados en cuenta cuando generamos el documento final, por ahora solo quería que te quedaras con esta idea.

Publicar el documento

El último paso que nos resta es generar el documento de arquitectura, para esto, vamos a utilizar pandoc, una poderosa herramienta de línea de comandos que permite convertir documentos de un formato a otro. Puede tomar documentos escritos en una variedad de formatos, como Markdown, HTML, LaTeX, Microsoft Word, reStructuredText, entre otros, y convertirlos a una variedad de formatos de salida, como HTML, PDF, EPUB, DOCX, entre otros. Para este ejemplo vamos a convertir Markdown a HTML, pero si gustas te puedes documentar para generar el documento en cualquier otro formato.

Aprovechando que ya contamos con Docker, he creado una imagen personalizada y preconfigurada para facilitar las tareas de construcción de los documentos, esta misma imagen la podrías correr en tu maquina local o desde un servidor, lo cual ayuda a su portabilidad.

La definición de la imagen la podemos ver en el archivo "Dockerfile" ubicando en la carpeta docto-as-code que está en el repositorio de GitHub.

```
FROM python:3.11
ADD https://github.com/jgm/pandoc/releases/download/3.1.2/pandoc-3.1.2-1-amd64.deb /tmp/pandoc.deb
RUN dpkg -i /tmp/pandoc.deb && \
    pip install git+https://gitlab.com/myriacore/pandoc-kroki-filter.git
WORKDIR /pandoc
ENV KROKI_SERVER "https://kroki.io"
ENV TYPE html
CMD ["./run.sh"]
```

Si no sabes nada de Docker, no te preocupes, vamos a explicar que hace por si fuera necesario que lo quisieras personalizar.

1. Lo primero es que esta imagen se basa en una imagen con Python pre-instalado (FROM python:3.11), lo que nos ahorraría ese paso.
2. Seguido descargamos el binario de pandoc (ADD) y los dejamos en la carpera /tmp.
3. El siguiente paso es proceder con la instalación (RUN) del paquete de pandoc y el filtro requerido para integrar pandoc con kroki.
4. Cambiamos la carpera de trabajo (WORKDIR) a /pandoc
5. Definimos las variables de entorno KROKI_SERVER y TYPE_HTML que explicaremos más adelante.
6. Finalmente ejecutamos el script run.sh que se encargará de ejecutar pandoc y procesar los archivos markdown.

El script run.sh también está definido en la misma carpera:

```bash
#!/bin/bash
for file in ./src/*.md; do
    filename=$(basename -- "$file" .md)
    pandoc --verbose --toc -M document-css=false -t $TYPE -i "$file" -o "${filename}.html" --filter
pandoc-kroki --extract-media=./build;
done
```

Este script recupera todos los archivos con extensión .md de la carpera src, los procesa y los deja en la carpera raíz con el mismo nombre, pero con extensión .html.

Tip
Si quieres aprender a utilizar Docker como un profesional, te invito a
ver mi curso, donde aprenderá a detalles todo lo necesario para crear

imágenes y ejecutar contenedores.
https://codmind.com/courses/docker

Una vez explicado el funcionamiento del Dockerfile, vamos a proceder a construir el documento final, para esto, es necesario abrir una terminal y posicionarnos en la carpeta doct-as-code (muy importante) y ejecutamos el comando "docker build -t pandoc-builder . " (observa el punto al final, es importante agregarlo).

Error común
Es sumamente importante que desde la terminal estemos ubicados en la carpeta doct-as-code, es decir en la misma carpeta en donde se encuentra el archivo Dockerfile, de lo contrario, la construcción y la ejecución fallará.

Este proceso va tomar un tiempo en concluirse, pues tendrá que descargar las imágenes base, binarios y ejecutar las instrucciones definidas en el archivo. Una vez finalizado, nos aseguramos que la imagen se allá creado correctamente con el comando "docker image ls", si el comando muestra la imagen **localhost/pandoc-builder** quiere decir que se ha creado correctamente.

```
PS D:\dropbox\Dropbox\Libros\documentacion-agil-de-arquitectura-de-softwar
e\rdocker image ls
REPOSITORY                TAG       IMAGE ID       CREATED        SIZE
maven                     latest    566b00725722   3 months ago   543MB
python                    3.11      df3e9d105d6c   12 days ago    943MB
python                    latest    df3e9d105d6c   12 days ago    943MB
yuzutech/kroki            latest    e1153c51f2d4   2 weeks ago    647MB
localhost/pandoc-builder  latest    7dcfc9da9234   5 hours ago    1.12GB
PS D:\dropbox\Dropbox\Libros\documentacion-agil-de-arquitectura-de-softwar
e\repo\docto-as-code>
```

121 - Construir la imagen de pandoc.

Finalmente, para construir el documento vamos a ejecutar el comando "**docker run --rm -v "$(pwd):/pandoc" --env-file env.list   pandoc-builder**" (importante que sea desde la carpeta docto-as-code). Como resultado, veremos que se ha generado el archivo arquitectura-acme-store.html en la raíz de la carpeta, y las imágenes se guardarán en la carpeta build.

Puedes borrar los archivos arquitectura-acme-store.html y las imágenes de la carpeta builder para que veas como se vuelven a generar, solo ten cuidado de no borrar la carpeta builder, que debe de existir para que el proceso termine correctamente.

Para abrir el documento es necesario mostrarlo desde un servidor web, de lo contrario los links a imágenes y estilos no se podrán cargar, es por eso que instalamos el plugin "Live Server", así que vamos al archivo arquitectura-acme-store.html, damos click derecho y finalmente en "Open with Live Server":

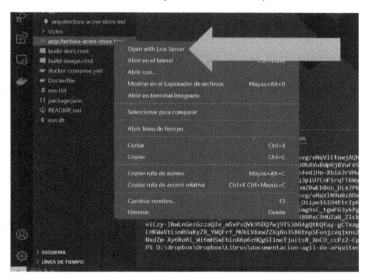

122 - Mostrar el documento con Liver Server.

123 - Documento de arquitectura terminado.

Podrás ver que este documento es exactamente igual el documento de arquitectura que generamos en la unidad pasada en Microsoft Word, si gustas puedes comprarlos y verás que el resultado es prácticamente lo mismo, pero esta vez, generando el documento con código.

Conclusiones

Si has llegado a este punto, es porque seguramente has concluido este libro y has analizado la idea central que trato de transmitir, que si bien, no es la verdad absoluta, sí que es una perspectiva real que me ha tocado vivir a lo largo de mi carrera.

Durante este libro he promovido la idea de crear la documentación mínima necesaria y que haga sentido para centrar nuestros esfuerzos en la construcción y no quedarnos atorados en el diseño, ya que como también he explicado, los ciclo de vida de los proyectos han cambiado mucho desde que los modelos de procesos de software en cascada y el modelo iterativo salieron. De entrada, sé que esto puede generar mucha fricción, sobre todo en las personas veteranas, que tiene una formación más tradicional y que no se han actualizado, pero la realidad es que hoy en día, una iteración, dura de una a tres semanas a lo mucho, entonces, ya no hay tiempo para dedicar tanto tiempo al diseño.

También he presentado esta nueva tendencia (que en realidad no es nueva) que se ha comenzado a tomar mucha fuerza, porque permite centrarnos en el contenido de la documentación en lugar de su estilo, al mismo tiempo que tenemos bajo control de versiones todos los cambios realizados y desplegados al instante con cada commit.

Finalmente, quiero agradecerte por permitirme hacerte llegar este conocimiento y espero en verdad que sea de utilidad para tu día a día y que de alguna forma ayude a tu crecimiento profesional.

www.ingramcontent.com/pod-product-compliance
Lightning Source LLC
Chambersburg PA
CBHW080525060326
40690CB00022B/5033